新潮文庫

遺　　体

震災、津波の果てに

石井光太著

新潮社版

9915

プロローグ　津波の果てに

鬱蒼《うっそう》とした山の麓《ふもと》に、黒ずんだコンクリート造りの学校が建っていた。三階建ての校舎にはいくつも教室の窓が並んでいるが、一つも電気がついていない。

正門には〈遺体安置所〉と書かれた薄っぺらい紙が一枚だけ貼《は》られており、風が吹く度に粘着テープの剝《はが》れた箇所がはためく。雑草の生い茂る校庭に並ぶのは、十数台のパトカーと制服を泥や砂で汚した警察官たちだ。

この学校は五年前から廃校となっていたため、壁のいたるところに亀裂《きれつ》が入っていた。教室の窓ガラスは埃《ほこり》で曇り、水道の蛇口は錆《さ》びて外れそうになっている。山風で校庭の砂塵《さじん》が煙のように巻き上がると、野良猫《のらねこ》や鼠《ねずみ》が一斉に駆け出す。

三月十二日の正午、一台の車がこの学校を目指して走っていた。ダイハツの軽自動車アトレー。乗っていたのは千葉淳。民生委員を務める七十歳の老人だ。

前日、マグニチュード九・〇の大地震が起きた直後、千葉はこの市内の海岸沿いの町が津波によって壊滅したという話を聞いていた。自宅から海まではわずか二キロ。だが、運良く津波の水が甲子川《かっし》に流れ込んだおかげで、自宅のある地区は被害を免れ、惨状を目にすることはなかった。ただし、もし津波が海辺の町を襲ったのが真実ならばそこに暮らしていた大勢の知り合いが流されている可能性があった。彼は起ったことをその目でたしかめるため、安置所となったこの学校へ向けて車を飛ばしていたのである。

正門をくぐると、校庭には多くのパトカーが蟻《あり》の群れのように止まっていた。千葉はその後ろに黒いアトレーをつけた。マスクをかけ、悪い膝《ひざ》を押さえるようにして車から降りると、舞い上がった砂が顔にぶつかってくる。外気は肌を刺すほどに冷たい。千葉は身震いしてから、小太りの体をペンギンのように左右にふって歩き、校舎の奥にある体育館を目指した。

体育館の入り口は山陰になって薄暗く、ドアにも〈遺体安置所〉と書かれた一枚の紙が貼られていた。警察官はゴム手袋にマスクといういでたちで忙《せわ》しく出入りしている。かかえている大きなビニール袋のなかにつめこまれているのは犠牲者のものと思《おぼ》しき泥にまみれた衣服やバッグだ。この奥が安置所になっていることを確信せざるを得なかった。

千葉は唾《つば》を飲んでから冷え切った体育館に足を踏み入れた。次の瞬間体に電流が走ったように思わずその場に立ちすくんだ。床の上に並べられた何十体という数の遺体が目に飛び込んできたのだ。二十体、いや三十体はあるのではないか。

体育館の面積はバスケットボールのコート一面分。床に隙間《すきま》なく敷かれたブルーシートの上に、遺体が所狭しと置かれている。毛布にくるまれた遺体、納体袋に入れられた遺体、ビニールシートにつつまれた遺体など様々だ。棺《ひつぎ》に納められた遺体がほとんどないのは、犠牲者の数が多過ぎて用意が間に合っていないからなのだろう。

見ているうちに、脇《わき》の下から汗が染《し》みだしてきた。これほどの数の遺体を一度に目にしたのは初めてだ。毛布の端からは遺体の足や腕がはみだしており、すでに肌の色が褐色に変わりはじめている。毛布の大きさからして子供の遺体としか思えないようなものもある。

館内のあちらこちらでは分厚いゴム手袋をはめた警察官たちが、四、五人ずつに分かれて遺体を取り囲んでいる。濡《ぬ》れて重くなった服を一枚ずつ剝《は》いで顔や体の砂を払い落とし、身体の特徴を所定の用紙に書き記す。身長、体重、性別、手術痕《こん》など身元を特定するための記録をとっているのだ。

誰もが帽子を深々と被《かぶ》り口を開かず、顔を上げて千葉の方を見ようともしない。たまに遺体の洋服を切り裂く音が、体育館の高い天井に反響する。一体が終わると、休むことなく黙って横にある別の遺体を取り囲み、また同じ作業を一からはじめる。

千葉の心臓は激しく脈打っていた。津波が起きたのは事実なのだろう。しかし、これだけの遺体がすべて一つの町で見つかったものとは信じることができなかった。彼は傍にいた警察官のもとに歩み寄って声をかけた。

「これらの遺体はどこであがったものなのでしょうか」

警察官は帽子を被り、マスクをしたままくぐもった声で答えた。

「どこからというか……この町の海沿いの地区です。海に面した商店街や家屋はことごとく津波によって流されてしまいましたよ」

「ことごとくって、どういうことでしょう。僕は内陸側のこのあたりに住んでいて被害を見ていないのです」

「津波は家の高さぐらいあったようです。高台に避難していた人以外は、みんな一瞬で流されて死んでしまった。今見つかっている遺体はこれだけですが、今後はさらに増えるはずです」

海沿いは釜石《かまいし》湾を囲む、たくさんの漁船が集まる港町だった。ワカメやホタテの養殖が盛んで、釣りのスポットとしても知られていた。商店街には居酒屋やカラオケ店が並ぶほか、消防署や警察署など公共施設も数多くあり、市内で昼夜とももっともにぎわう地域だ。その地区が昨日の地震の直後に丸ごと消滅してしまったということなのか。

呆然《ぼうぜん》として近づいてみると、警察官が数人がかりで遺体の体を押さえつけて腕や足を伸ばそうとしていた。遺体は死後硬直がはじまっており、ある者は腕や足を前に突き出したまま、ある者は顔だけを斜めに向けたまま死んでいる。犬のように四つん這《ば》いになった姿勢で横向きに置かれている遺体もある。

被害にあった地区では遺体が津波の直後から野ざらしにされているのだろう。そのため、瓦礫《がれき》の下敷きになったり、車中に閉じこめられたりしたままの体勢で死後硬直して運ばれてきているのだ。警察官はそれらの身元確認を行うために真《ま》っ直《す》ぐにしなければならない。数人がかりで遺体の曲がった腕や足を引っ張るのだが、うまくいかないことも多く、つい業《ごう》を煮やして体重をかけ過ぎて関節を外してしまうこともある。

体育館にいた人々は、骨が割れるような鈍い音が響いてもそれぞれの仕事に没頭し顔を上げようともしなかった。血の気が引いた青白い顔をして目を見開き、黙々と遺体の服を脱がしていく。警察官とは別に、白衣を着て手袋をはめた医師の姿もあった。遺体の横にしゃがみ込み、胸を押したり、口のなかをのぞき込んだりしている。運ばれてきた順から検案を行い、遺族に引き渡すために死体検案書を作成していかなければならないのだろう。

よく見ると、その医師は県警から派遣された専門医ではなく、近所で古くから開業している医院の院長だった。人手が足らず、緊急に招集されたのかもしれない。年齢は千葉より少しだけ下の六十代半ば。彼が一人で床に並べられた遺体を何から何まで診ているのだ。

他には、市のジャンパーを着た自治体の職員らしき人たちや、消防団の法被《はっぴ》を着た者たちの姿もあった。担架に乗せられて遺体が運ばれてくると、彼らは警察官と相談して遺品を一つにしたり、遺体を列の最後尾に横たえたりしている。同じ町のたまま助かった者たちが、次から次に発見される地元の人たちの遺体を収容するのを手伝っているらしい。

千葉は体育館でくり広げられる光景を見ているうちに、目頭が熱くなってきた。彼は三年前に勤め先を退職し、小さな一軒家で妻と愛犬とともに年金暮らしをしていた。民生委員として地域の人々と交流する以外は、海辺へ出かけて夕凪《ゆうなぎ》の風景を絵に描いたり、切り絵にしたりして過ごしてきた。潮の香りにつつまれ、古いなじみの友人たちに囲まれて静かに暮らしていくのが一番の幸せだった。

だが、昨日の地震によって起きた津波は、そうしたものを根こそぎ奪い去ってしまった。静かな海辺の住宅地を押し流し、数えきれないほど多くの人々を冷たい海底へと引きずり込み、通りを黒ずんだヘドロで覆《おお》いつくした。昨日の昼までは明るく笑っていた子供や老人が泥だらけの悲惨な遺体となって、犬の死骸《しがい》や瓦礫とともに道端に転ったままになってカラスの群れについばまれようとしている。

この気持ちは、安置所で働いていた他の人々も同じだったはずだ。警察官、医師、市の職員、消防団員、彼らはマスクをし、分厚いゴム手袋をはめて遺体と向き合っているが、前日の昼までは誰一人として自分がそんな運命にさらされることになるとは想像すらしていなかっただろう。生まれ育った港町を何よりも愛し、ここで築き上げてきた小さな幸せが永遠につづくものと信じて疑わなかった者たちばかりだ。

だが、たった一つの大地震がそうしたものをすべて打ち砕いてしまい、彼らをここへ引き寄せた。医師は県警に検案を依頼されてつれてこられたのだろうし、市の職員は自治体からの命令があったのだろう。消防団員は被災した地域で人命救助や避難誘導をするなかで遺体を見つけてここに運びこまざるを得なくなったはずだ。津波という瞬時の出来事が、彼らをあの日以来もっとも残酷な光景がくり広げられることになった安置所へと放り込んだのである。

このとき千葉は今まさに自分も安置所という渦のなかに引きずり込まれようとしていることに気がついていた。なぜだかはまだわからない。ただ、床に並べられた無数の死者を見ているうちに自分もここに留まらなくてはならないという思いがわいてきたのだ。そして、数分後、彼はあることに気がつき、その決心を固めることになる。

私がその地に立ったのは二日後のことだ。

遺体　震災、津波の果てに　目次

プロローグ　津波の果てに　3
「釜石市」地図
第一章　廃校を安置所に　19
日常が崩れ去って――千葉淳（民生委員）　19
県警からの呼び出し――小泉嘉明（釜石医師会会長）　32
盛岡からの派遣――西郷慶悦（岩手県歯科医師会常務理事）　39
新たな遺体――千葉淳（民生委員）　48
死者から出る気泡――小泉嘉明（釜石医師会会長）　55
夜の来訪者――鈴木勝（釜石歯科医師会会長）　63
第二章　遺体搬送を命じられて　69
耳を疑う指示――松岡公浩（釜石市職員）　69
集落が消えていく――佐々幸雄（消防団員）　79
警報の鳴り響く中――坂本晃（消防団員）　89
顔なじみを運ぶ――松岡公浩（釜石市職員）　96

発生後七十二時間以内――橋口鉄太郎（陸上自衛隊） 104
そこにあったはずの町――磯田照美（釜石消防署） 118
抜けていく同僚たち――松岡公浩（釜石市職員） 126
海上に漂流する遺体――藤井智広（海上保安部） 132
遺体を帰したい――松岡公浩（釜石市職員） 141

第三章 歯という生きた証 148

歯科所見作業へ――鈴木勝（釜石歯科医師会会長） 148
感情を殺して――大谷貴子（歯科助手） 163
むなしい作業の連続――鈴木勝（釜石歯科医師会会長） 175
焼け焦げた無数の遺体――工藤英明（釜石歯科医師会専務理事） 189

第四章 土葬か、火葬か 200

棺を三千基用意する――土田敦裕（サンファミリー） 200
火葬できぬ遺体――千葉淳（民生委員） 210
途切れる読経――芝﨑惠應（仙寿院住職） 220

火葬へ送り出す――千葉淳（民生委員） 229
苦渋の決断――野田武則（釜石市長） 236
現場の混乱――土田敦裕（サンファミリー） 241
原形をとどめぬ遺体――千葉淳（民生委員） 248
「神も仏もない」――芝﨑惠應（仙寿院住職） 256
思いがけない報告――野田武則（釜石市長） 267
秋田までの道のり――藤井正一（消防団員） 273
身元不明者の遺骨――千葉淳（民生委員） 281
エピローグ　二カ月後に 292
取材を終えて 306
文庫版あとがき 311

遺体

震災、津波の果てに

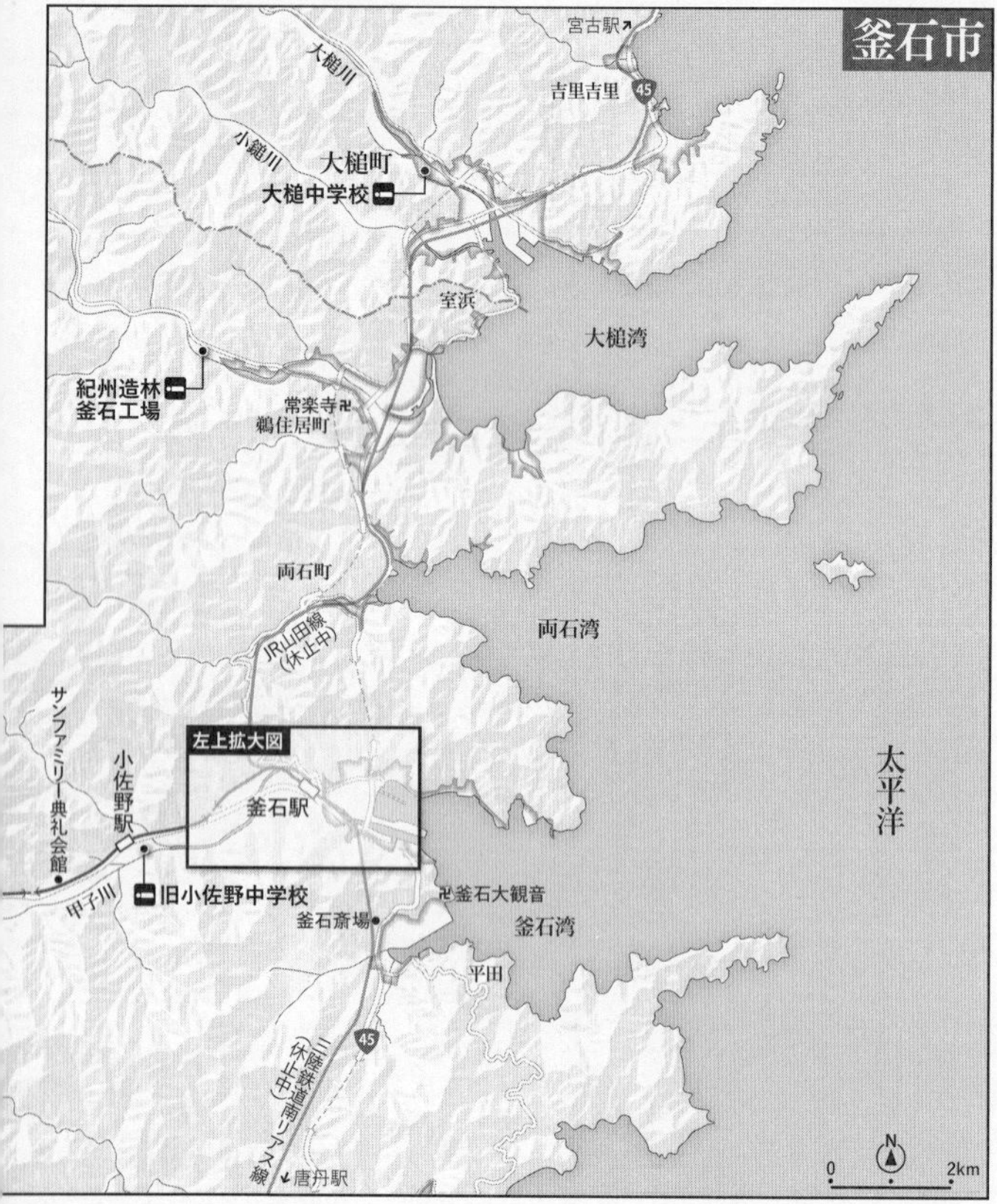

釜石市
宮古駅
吉里吉里
45
大槌川
小鎚川
大槌町
大槌中学校
室浜
大槌湾
紀州造林
釜石工場
常楽寺
鵜住居町
両石町
両石湾
JR山田線（休止中）
サンファミリー典礼会館
小佐野駅
左上拡大図
釜石駅
太平洋
甲子川
旧小佐野中学校
釜石大観音
釜石斎場
釜石湾
平田
45
三陸鉄道南リアス線（休止中）
唐丹駅
0
2km
N

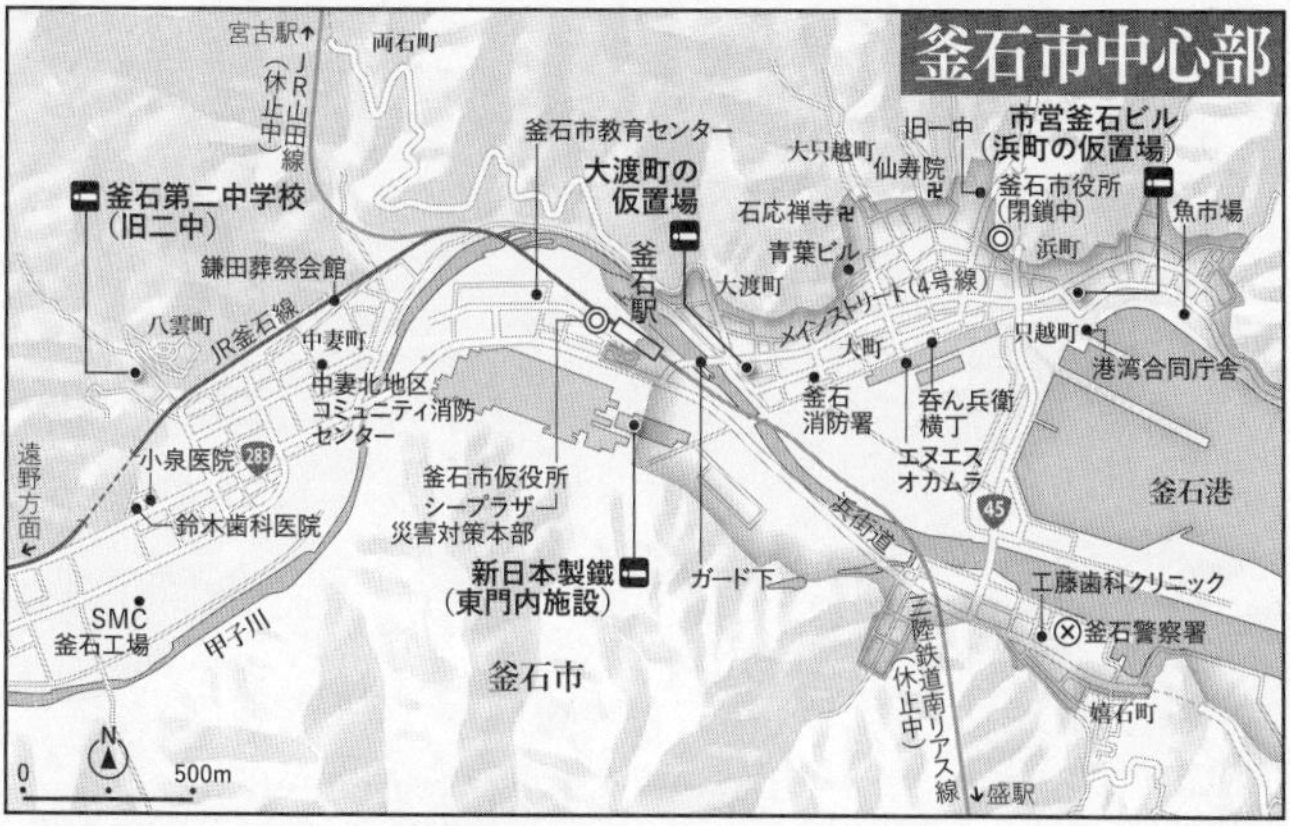

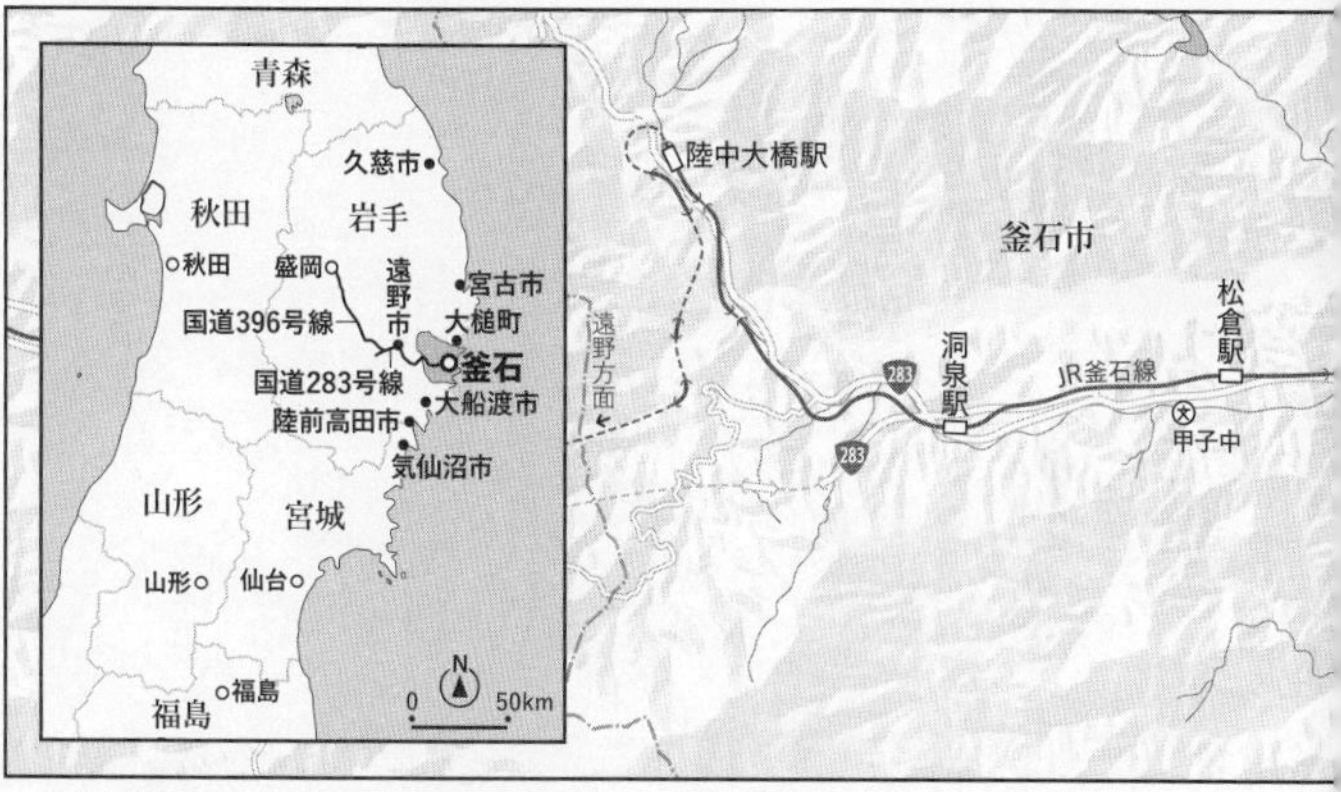

地図制作　アトリエ・プラン

第一章　廃校を安置所に

日常が崩れ去って――千葉淳（民生委員）

岩手県釜石市の中心部は、三陸海岸に面した黒い岩場と紺碧《こんぺき》の海が広がる港町だ。内陸側にはいくつもの山や丘がつらなり、その際《きわ》を甲子川という鮎《あゆ》が泳ぐ透明な川が流れている。太平洋からは海風がゆるやかに吹きつけ、静まり返った通りには釜石線の小さな列車が走るコットンコットンという音がたまに響く。

釜石湾は、数多くの海産物の養殖地として知られている。漁期には沖に旗を掲げたたくさんの漁船がひしめき、港は市内外から大勢の人が集まって急にざわめきだす。市場には巨大なトラックが入ってきて、仲買の男たちが水揚げされた魚を大きな声で買い求める。養殖物以外でも、天然のサバ、ヒラメ、イカなど海の幸が豊富で、ここから日本全国へ配送されていくのだ。

夕刻ともなると市場からは人影が消え、海の男たちは魚の臭《にお》いをまとったまま港のそばの路地に広がる飲み屋街へとくり出す。「マチ」と呼ばれる一帯には居酒屋やスナックなどが軒を連ねており、そこで東北訛《なま》りの言葉で口論したり、下ネタで盛り上がったり、カラオケをうたったりするのである。

アーケードのついたメインストリートの両側にはファーストフード店や洋品店や携帯電話ショップが建ち並び、地元の中高生や家族づれで賑《にぎ》わう。毎年十月の「釜石まつり」となると、この通りには三日三晩浴衣《ゆかた》を着た市民たちが入り乱れ、虎舞《とらまい》や神楽《かぐら》が行われたり、神輿《みこし》が担《かつ》がれたりする。一番の山場は、たくさんの大漁旗を掲げた何十隻《せき》もの漁船が海をパレードする「曳《ひ》き船まつり」だ。船は演歌を大音量で流し、何百羽ものカモメを従えて海原をゆき、港に集まった人々がそれを見守る。漁師たちにとっては年に一度の晴れ舞台で、このときとばかりに子供や親戚《しんせき》を飾り立てた船に乗せ、得意げに湾内を回る。

こうした海の伝統が色濃く根づくマチは、釜石駅のあるあたりまでだ。駅より内陸側に入ると、風景はがらりと変わり、大きな工場が建ち並ぶ工業地域が広がる。新日本製鐵《せいてつ》（当時）の釜石製鐵所やＳＭＣ釜石工場など巨大企業の工場が要塞《ようさい》のように建っており、その周りにアパート、ショッピングモール、ファミリーレストランといった全国チェーンの新しい店が林立する。住んでいるのもどちらかというと都会的で穏やかな性格の人が多い。海沿いのマチが漁業で成り立っている港町だとしたら、わずか一、二キロ内陸の地域は工場を中心としてつくられた工業地域なのである。「海辺のマチ」と「内陸側の工業地域」という、まったく違う二つの風景が国道一本隔てて併存しているのが釜石の特色なのだ。

この内陸側の工業地域に、中妻町と呼ばれる閑静な住宅街があった。小さな一軒家や警察の官舎が集まる一角に、中妻北地区コミュニティ消防センターというコンクリート造りの建物が建っている。消防団の屯所《とんしょ》が併設された公共施設だ。

三月十一日の午後、千葉淳はこのセンターに町内のお年寄り十三人を集めて卓球指導を行っていた。毎月数回、民生委員としてお年寄りの健康のために卓球の試合を開いており、この日も六十歳以上の人たちを集めて雑談をしながらのんびりと台を挟んで球を打ち返していたのである。千葉は小太りでペンギンのような動きで歩き回るが、ラケットを持つとなかなか器用にあやつる。ただ人一倍気配りをするタイプで、途中まで勝っていても相手のことを考えてわざと負けたり、冗談を言ってふざけてみせたりすることで、みんなを和ませようとした。

突然低い地鳴りがしたのは十四時四十六分のことだった。地震だ、と思った瞬間、新しく頑丈であるはずの建物が左右に揺れはじめた。コンクリートの壁が軋《きし》み、棚の本や文具が次々と落ちてくる。お年寄りたちは悲鳴を上げて何かにつかまろうとしたが、激しい揺れに弾《はじ》き飛ばされるようにして床に倒れた。千葉は床に這《は》いつくばって叫んだ。

「落ち着いて！　物が落下してきます。歩き回らないで！」

体が震えているせいで、声がつまって出てこない。七十年間生きてきて初めて体験する大きな揺れに、心臓が破裂せんばかりに音を立てている。

五分、いや十分ぐらい経《た》っただろうか、ゆっくりと地震が収まり、気がつくと室内には不気味なほどの静寂が張りつめていた。電気が止まって暗くなった部屋に、窓から陽光がまぶしいほど射《さ》している。胸が苦しいぐらい動悸《どうき》を打っており、手足もガタガタと震えつづけたままだ。

千葉は呼吸を整えてから立ち上がり、平静を装《よそお》ってお年寄りたちの無事を確認して自宅に帰すことにした。ほとんどの人たちが中妻地区かその周辺に暮らしていたから歩いて帰ることができたし、遠くに家がある者たちも迎えに来た家族の車に乗って帰宅していった。千葉だけは職員とともに様子を見守るために、しばらくその場に残ることにした。

事態が急変したのは十七時を回った頃だった。深い闇《やみ》がまさにあたりを覆いつくそうとするとき、国道二八三号線のある方向から人々が困惑した顔をして列をなすように消防センターに集まってきたのである。

どうやら道路が通行止めになったようだった。釜石港沿岸に広がるマチの入り口には、三陸鉄道南リアス線のガード下のトンネルがある。ここを潜《くぐ》り抜けるとマチの中心街に入り、隣町へとつづく国道四五号線につながるのだが、ガード下のトンネルが警察によって封鎖され、大勢の人が行き場を失って溢《あふ》れ返っているのだという。大地震の後、しかも帰宅ラッシュの時間にもっとも賑わっている地区への立ち入りが禁止されたことで、人も車も立ち往生してしまったのだ。

なぜこの道が通行止めになったのか。事情を把握したくても、テレビもつかなければ、電話も回線が混雑していてつながらない。そうこうしているうちにも集まってくる人の数は膨れ上がっていき、十九時を過ぎる頃には八十人ぐらいにまで達した。一階も二階も人であふれて入り切らなくなった。

少しして、避難者の一人がこんな情報をもたらした。

「国道が通行止めになっているのは、大津波が発生したせいだ。ものすごい高さの波があっという間にマチを呑《の》み込んじまったんだ。家も車も何もかも流されっちまった。もうマチは終わりだ！」

地震によって津波が発生し、わずか二キロ先のマチが壊滅したというのである。他の避難民のなかにも同じことを主張する者が何人かいた。彼らは間一髪のところで建物の屋上に逃げたり、車ごと流されたがたまたまドアが開いて助かったのだという。

だが、ずっと消防センターに留まっていた千葉たちはそれをどこまで信じていいのかわからなかった。内陸側の人々には普段から津波を警戒するという意識がなく、津波といってもせいぜい床下浸水ぐらいのものとしか思わなかった。だが、避難者たちは頭をかかえて泣くような声で「壊滅」とか「全壊」といった言葉を連呼している。ずぶ濡《ぬ》れになって放心している者もいる。海の男は大げさな物言いをするが、その真に迫る形相を見ていると嘘《うそ》とは考えられない。千葉は次第に妻と愛犬が心配になり、この日は徒歩二分の家へ帰宅することにした。

翌十二日、千葉は朝六時半に起きて朝食をとると、前日いた消防センターへ行ってみることにした。この日も停電はつづいており、携帯電話も一切通じない。昨日の晩足止めを食っていた避難者たちがまだいるのならば、民生委員として何か手伝いをしなくてはならないだろう。

消防センターに到着すると、避難者の数は百人以上に増えて外にまであふれていた。夜のうちにマチからさらに多くの人が逃げてきたのだという。電気のつかない部屋にむせ返るような加齢臭と体温が満ちている。

避難者たちの間では、津波が発生したことはすでに明らかな事実として語られていた。目撃者によると海沿いの大渡町《おおわたりちょう》、浜町《はまちょう》、只越町《ただこえちょう》、大町《おおまち》などマチと呼ばれる地域は跡形もなく壊滅して瓦礫の山となってしまっているらしい。つまり、釜石を二分して、港側に立っていた家屋や商店だけが丸ごと消滅してしまったというのだ。津波について語りながら頭を抱えて今にも泣き出しそうな顔をしている者の姿もあった。

千葉はどれだけ話を聞いても実感がわかず、被災地の光景を思い描くことができなかった。歩いて行こうと思えば行ける場所がなくなってしまったなんて。

「本当にそれだけの被害が出ているんですか。犠牲者は何人ぐらいいるんですか」と彼は尋ねた。

避難者の一人が怒ったように唾を飛ばして答えた。

「何人なんてもんじゃねえ。数えられないほどだよ。海沿いのマチと、ここら内陸部で生死の境が分かれっちまってるんだ。マチは完全に死に絶えっちまって、このへんの工場のあるあたりだけがかろうじて残っているだけだ。今日になって旧二中の体育館が遺体安置所となったらしい。津波で死んだ犠牲者は片っ端からそこに運ばれているそうだ」

旧二中はここから六百メートルほどの距離にあった。正式名称は釜石第二中学校。五年前に市内三校の合併に伴って廃校になってからは、古びたヒビだらけの校舎だけが山の下に残り、伸びきった雑草に囲まれていた。地元の子供たちの間ではちょっとした心霊スポットになっており、「旧二中」という愛称で呼ばれている。千葉は事態を把握するためにもそこへ行ってみることにした。

中妻町と八雲町の間にある釜石線の踏切を過ぎると、今にも森に埋もれそうな旧二中の古めかしい校舎が現れた。かつて息子たちが通っていた時のままだ。校舎の裏手には体育館がひっそりと建っている。そこに恐る恐る足を踏み入れ、床に並べられた多数の遺体を初めて目にしたとき、千葉の頭は真っ白になった。警察官の淡々とした作業、遺族たちが泣き声を押し殺す姿、遺体の苦悶《くもん》の表情、目の前に広がる光景を受け止めることができず、映画のワンシーンに入り込んでしまったようにしか思えなかった。

どれぐらい時間が経っただろう、千葉は少しずつ落ち着きを取りもどすにつれ、館内で狼狽《ろうばい》している家族や床に並べられた遺体が乱雑に扱われている様が目に止まるようになりだした。入り口の近くには数組の家族が肉親の死を聞いて探しに駆けつけてきていた。警察はその前で黙々と死後硬直する遺体を無理に伸ばしたり、ＤＮＡ型鑑定のためのサンプルを収集したりしており、家族が今にも泣きだしそうなほど不安げな面持ちで立ってそれを見つめている。本来は誰かがきちんと彼らの対応につかなければならないのに、それができていない。

千葉は館内を見回して管理者を探した。釜石市のジャンパーを着た男たちが大きなゴム手袋をはめて意味もなく歩き回っている。遺体を前にしてどうしていいかわからないのか、顔は青ざめ、目は泳ぎ、体が縮こまっている。時折警察官に何かを言われても、心許《こころもと》なさそうな表情で右往左往するだけだ。

傍にいた警察官に尋ねると、こういう答えが返ってきた。

「あの方たちは市役所から派遣された職員です。安置所は自治体の運営になるので、市の人たちが管理や運営をすることになっています。毎日二、三人来ることになっているみたいです」

市の職員であれば、これまで他人の遺体に触ったことはもちろん、間近にした経験すらない者たちばかりだろう。それがいきなりここに放り込まれ、どうしていいかわからずにいるのだ。

一方、館内にいる肉親を探しに来た家族は、床に並べられた遺体を前にして激しく動揺をあらわにしていた。手をつないだり、幼ない子供を抱きしめたりして、爆発しそうな感情を懸命に抑えている。彼らは目の前に家族の遺体が運ばれてきたら、冷静さを失ない、それにすがりついて泣き叫ぶにちがいない。そのとき市の職員たちに何ができるというのか。

千葉の胸に心配がこみ上げてきた。これから先もっと多くの遺体が運ばれてくるだろうし、家族もそれを探しに押しかけてくるだろう。今のままでは安置所がパニックになってしまうのは明らかだった。

それともう一つ大きな懸念《けねん》があった。これだけの遺体をどうやって埋葬まで持っていくのかということだ。市内の火葬場は、釜石斎場ただ一つ。葬儀社は三社、通常市内では日に二、三件の葬儀がある程度で、どの社も一度に数十体もの遺体を取り扱える能力はない。

今、安置所に必要なのは遺体の扱い方を熟知し、葬儀社をまとめて火葬までの道筋をつけることのできる人間である。家族の動揺を最小限に抑え、滞りなく火葬場へと運んでいかなければ、大量の遺体がひきも切らずに見つかるこの事態を乗り越えることはできない。

千葉の脳裏に、葬儀社で働いていた自分であればその手伝いができるのではないだろうか、という考えが過《よぎ》った。彼は三年前まで地元の葬儀社で働いており、何千体という死者を葬《おく》った経験がある。今、その知識があり自由に時間をつかって動けるのは自分しかいない。一日じっくり考えてみることにした。

日が変わり、朝が訪れた。冷気が張りつめる町に、市の防災行政無線による放送がスピーカーを通してこだましはじめた。停電の影響で、震災の翌日から自治体は災害や避難に関する情報はこれでしかつたえることができずにいたのだ。この日、千葉は顔を洗い、ジャンパーに身をつつむと、一つの決心を胸に抱いて愛車のアトレーに乗り込んだ。釜石市長である野田武則のところへ行き、自分が安置所の指揮をとると申し出るつもりだった。

千葉は市長とは知らない仲ではなかった。市では年に一度、釜石市民劇場という演劇祭が開催されており、千葉はそこで毎年のように劇の演出を行ったり、脚本を書いたりしていて、市長とも会えば言葉を交わすぐらいの仲にはなっていた。この年の二月にも『義経《よしつね》と釜石』というファンタジー劇が開催されて好評を博したばかりだった。そうしたこともあって、千葉は悩んだ末、市長に釜石で旧二中の指揮をとれるのは自分しかいないと直接つたえることにしたのだ。

車を運転して向かった先は釜石駅に隣接する物産センター「シープラザ釜石」だ。もともと釜石市役所の庁舎はマチの緩やかな坂の途中にあったが、海からわずか三百メートルしか離れていなかったため、一階部分に海水がなだれ込み、瓦礫や車が流されてきた。市長は屋上へ逃げてかろうじて助かったものの、庁舎はつかいものにならなくなり、シープラザに機能を全面的に移行したばかりだった。

千葉はシープラザに入ると、停止したままのエスカレーターを上って二階に設置された災害対策本部へ赴いた。ベニヤ板で仕切りをつくり、会議用の机を横に並べただけの仮設の会議室では、市長が各担当者に指示を出している最中だった。千葉は市長の手が空くのを待ってから歩み寄った。市長はすぐに釜石市民劇場で活躍していた千葉に気がついた。千葉は挨拶《あいさつ》をしてから単刀直入に切り出した。

「昨日、安置所となっている旧二中の体育館に行ってきました。医師による検案ははじまっていましたが、それ以外がまったくうまくいっていない状況です」

「うまくいっていないとは？」

「遺体の取り扱い方を誰もわかっておらず、統率が取れていないのです。遺族も続々とやってきていますし、これからさらに増えるでしょう。今後は葬儀社をうまく動かしながらことを進めていかなくてはなりません。僕なら遺体の取り扱いや葬儀社の内情をわかっています。安置所の管理を任せてもらえないでしょうか」

市長も千葉が長年葬儀社に勤務しており、これまで民生委員として老人福祉など人がしたがらない仕事を積極的にやってきたことは知っていた。それに彼の言う通り、何の経験もない市の職員だけでは限界がある。

「安置所で働いてくれるのか」

「はい」と千葉は答えた。

市長は少し考えてからうなずいた。

「わかった。頼む」

釜石は人口四万人、海沿いの小さな田舎町だ。市民劇場などのイベントごとがあれば、そこでみんなが顔見知りになり、親戚のような親密な付き合いをするようになる。そうした狭い人間関係に息苦しさを感じて外へ出ていく若者も多いが、いざこういう危機に陥ったときこそ人とのつながりが最大限に活《い》きる。

千葉は災害対策本部を去る前に、安置所で働く以上知っておきたかったことを尋ねた。

「もう一つ聞かせてください。釜石での死者数はどれほどになるのでしょうか」

市長は難しい顔をして、首を傾《かし》げた。マチが津波によって破壊されたのは確かだが、まったく予測がつかなかったのだ。数十人という説もあれば、数百人、あるいは数千人という説もあった。

千葉はそれ以上答えを求めず、覚悟を決めて旧二中へ向かうことにした。千葉が生まれ故郷の大船渡《おおふなと》を離れ、東京近郊を経てここ釜石に流れ着いたのが四十年前。以来ずっと釜石で生きてきた。五人の子供は巣立ち、今は妻と愛犬と穏やかに暮らす日々だ。最後は民生委員として地元の人たちのために残された時間を捧《ささ》げるつもりだった。だが、その釜石が津波によってのっぴきならない危機にさらされている。

恩返しをするなら今しかない。

県警からの呼び出し――小泉嘉明（釜石医師会会長）

三月十一日、釜石市中妻町で千葉と同じように大震災を経験した人物がいる。釜石医師会の会長、小泉嘉明である。六十五歳、大柄の明るい男で、元野球選手の金田正一に風貌《ふうぼう》や豪快なしゃべり方が少し似ている。

彼が院長をつとめる小泉医院は、港から三キロほど内陸寄りの国道二八三号線沿いにある、わずかに青みがかった白い建物だ。この日、小泉はたまたまいつもより早く平田にある老人ホーム「あいぜんの里」での往診を終えてもどってきており、診療室で外来患者を診はじめていた。まさにその矢先、大地震が襲いかかった。窓ガラスが砕けそうな音を立てて揺れ、医療器具が倒れだす。小泉は急遽《きゅうきょ》診察を取りやめ、地震が収まった隙を見計って外来に来ていた患者たちを自宅に帰した。

しばらくして小泉が医院の外へ出て様子を見ると、マチの方角から防災行政無線による津波警報が流れているのが聞こえてきた。港の周辺では地震が起こると津波に注意するよう呼びかけることになっていた。灰色の雲に覆われた空の下を、警察のパトカーが赤色灯をつけながらすごい速度で海岸の方向へ走っていく。

小泉は風が潮臭くなっているのを感じ、妙な胸騒ぎを覚えた。この大地震で何も起こらなければいいが……。もし深刻な事態になれば、いずれ釜石医師会の会長である自分のもとに情報がもたらされるだろう。小泉はそのときに備えて医院に引き返すことにした。

山稜《さんりょう》が夕影につつまれ、国道を通る車がヘッドライトを点灯させはじめた。気温が急激に低下し、停電で暗い部屋はこごえるほどの寒さになる。保健所の職員が警官二人を伴って小泉医院に現れたのはそんな頃だった。地震によって怪我人《けがにん》が出たのかもしれない、と思った。だが、警察官が真剣な面持ちで発した言葉は予想を裏切るものだった。

「先ほどの大地震によって津波が起きました。巨大な波が押し寄せて海辺の住宅や店舗が軒並みやられてしまった模様です。市役所も被災して未《いま》だに状況の把握ができていませんが、すでにかなりの数の死者が出ているのは確かです」

小泉は津波を実際に見たことがなかったため、マチの被害状況の想像がつかなかった。

「津波だって？　何人が亡《な》くなったんだ？」と小泉は尋ねた。

「まだ、はっきりとしたことはわかりません。とりあえず、八雲町にある旧二中を安置所にして、そこにすべての遺体を収容しています。明日から遺体の検案を行いますので、どうかご協力いただけないでしょうか」

遺体の検案とは、死亡の原因や時刻を医学的に判断する行為である。本来は病院以外で亡くなった人の死に犯罪性がないかどうかを確かめる目的で行われる。ただし、釜石警察署は規模が小さく警察医がいないために、市内で検案が行われるときは小泉が協力することになっていた。これまで自殺や孤独死の遺体を扱ったことはあるものの、津波による死亡者は目にしたことさえなく遺体の状態を思い描けない。

「わかった。とりあえず、明日旧二中へ行けばいいんだな」

「よろしくお願いします」

翌朝の五時頃、小泉は珍らしく熟睡できないまま目を覚ました。昨晩の警察官の言葉が胸に引っかかっていたのである。ライトを手にして布団《ふとん》を出ると、思わず寒さに身震いした。まだ窓の外は真っ暗だ。警察からは旧二中に行くのは九時でいいと言われていたが、昨日からの胸騒ぎがつづいており、布団にもどる気にもなれなかった。心を落ち着かせるために、昨日の地震によって倒れた医学書や置物などを一つ一つ整理し、約束の十五分ぐらい前に家を出発することにした。

旧二中の体育館では、岩手県警捜査一課の担当者が小泉を待っていた。柔道体型のがっしりとした男だ。実質上のナンバー2、いわばその道のプロといえる存在だ。これまでに何度も検案の現場で一緒になったことがあったが、彼がかかわるときは常に事件性の高い大変な仕事だった。その彼が見たことのないような引きつった顔をして、体育館に小泉を招き入れた。

床に敷かれたブルーシートには、二十体以上の遺体が蓑虫《みのむし》のように毛布にくるまれ一列に並んでいた。隅で警察官が新しく届いた遺体の服をハサミで切ったり、ポケットから財布や免許証を出して調べたりしている。二、三十人いるのに話し声ひとつしない。遺体からこぼれ落ちた砂が足元に散乱して、うっすらと潮と下水のまじった悪臭が漂う。死後硬直がはじまっているらしく、毛布の端や、納体袋のチャックからねじれたいくつかの手足が突き出している。

「す、すごい数だな」と小泉はつぶやいた。

「実は、ここにあるのは今朝までにマチで見つかった分だけです。他にももっと発見されるでしょう。数百人、いや千人を軽く超えるかもしれません」

二の句が継げなかった。港沿いの活気に満ちたマチはどうなってしまったのか。あまりに多くの遺体を前にしていると、自分一人でこれだけの数の検案ができるのかと心細くなってくる。

小泉は、とにかく遺体の状態を確認しなければなるまいと思い、ざっと全体を検分してみることにした。遺体はどれも濡れていたり、湿っていたりしており、艶《つや》を失った髪がべっとりと白い皮膚に貼りついている。

しゃがんで顔をのぞき込んでみると、多くの遺体の口や鼻に黒い泥がつまっていた。目蓋《まぶた》の隙間に砂がこびりついていることもある。流されたときに大量の泥水を飲み込んだのだろう。外傷があまり見られないことを考えれば、死因は津波に巻き込まれたことによる溺死《できし》だと思われた。

遺体を包む納体袋には、それぞれ紙がつけられていた。そこには発見場所、日時、性別、氏名などが細かく記されている。まず発見者が現場の状況確認を行い、次いでここに運ばれてきてから別の警察官が本格的な身元確認作業をして記録をまとめているようだ。

小泉は用紙の遺体発見場所の欄に、異様な記述があるのに気がついた。次のように書かれていたのである。

〈大渡町、＊＊商店内、車中にて死亡〉

車に乗ったまま死亡していたのだとしたら路上で発見されるのが普通だろう。なぜ車内にいる状態で店舗のなかで発見されるのか。誤記かと思ったが、他にも同じようなメモがいくつもある。岩手県警の担当者が理由をこう説明した。

「これは、津波で流された車がそのまま商店やビルの壁をつき破って内部につっこんでいたんですよ。それで商店やビルのなかで運転手が車ごと発見されたんです。今見つかっているのはそんな遺体ばかりです」

小泉はその一言で津波がどれだけすさまじい勢いでマチを襲ったかを察した。

岩手県警の担当者はつづける。

「運ばれてくる遺体は泥を被って汚れています。まず我々が泥を洗い落とし、服を脱がせて所持品などをひとまとめにしますので、先生はそれが終わった遺体を順番に診ていって死体検案書を作成してください」

死体検案書は医師免許を持つ者が書かなければならず、これが完成して初めて火葬や埋葬の許可が下りる。

「ＤＮＡ型鑑定のためのサンプル採取は？」と小泉は訊《き》いた。

通常、検案において身元がわかっていない遺体に関しては血液や細胞の採取を行うことになっていた。

「やります。原則的には警察官が行いますが、一部で先生にお願いすることもあると思います」

「すべての遺体に対して行うのか。身元がわかっている遺体もいくつかはあるんだろ。それも含めてやるのか」

「今のところそうする予定です。後で間違いがあるといけませんから」

通常通りの検案を丁寧にやり、ＤＮＡ型鑑定のためのサンプル採取まで行えば、一体につき三十分以上の時間がかかってしまうだろう。だが、数十体の遺体を一日で診なければならない状況では一体にかけられるのはせいぜい五分から十分といったところだ。

小泉は覚悟を決めてうなずいた。並べられた遺体の苦しそうな表情を見ていると、被災したマチに暮らす友人や患者、そして父親の顔が思い出された。

かつて太平洋戦争中、釜石は製鉄所を狙《ねら》われ、アメリカ軍から二度にわたる容赦ない艦砲射撃を受けたことがあった。町は砲弾や銃弾によって破壊され、計約一万七千人の死傷者を出した。このとき、町の負傷者の救助や、ここ旧二中のある土地に運ばれてきた遺体の処理に奔走したのが、まだ若かった小泉の父だった。父はそこで培《つちか》った信頼を支えに、戦後の昭和二十年に小泉医院を開業し、以来二度も釜石医師会の会長をつとめる地元の名士となった。

その釜石が、今太平洋戦争以来の危機にさらされ、あの時と同じ場所に遺体が次々と運び込まれている。ならば、息子である自分は、医師会の会長として何をするべきか。

「わかった。すぐにとりかかろう」

小泉はそう言うと、持参したバッグから医療用ゴム手袋など必要な道具を取り出した。

盛岡からの派遣——西郷慶悦（岩手県歯科医師会常務理事）

震災の翌朝、西郷慶悦は盛岡市内にある西郷歯科医院にいた。五十四歳。歌手の寺尾聰《あきら》に似たもの静かな男だ。

診察室は暗く、歯科医院特有の薬品の臭気に満ちている。彼は壁についている電気のスイッチを押してみたが、パチッと音がするだけで明るくならなかった。治療につかう椅子《いす》やドリルの電源も入らない。

西郷は深いため息をついた。院内の機器は昨日の地震で位置がずれたままだ。それを見つつ、やはり今日は休診にするしかないな、とひとりごちた。

朝の八時を回った頃、西郷の携帯電話が鳴った。「あれっ、つながった」と思いながら出てみると、岩手県歯科医師会の事務局からだった。前置きもほとんどなく次のように言われた。

「昨日の地震の件で歯科医師会に対策本部が設置され、ドクターを被災地へ派遣するかどうかの話し合いが県警と進められています。早急に本部に来てください」

岩手県歯科医師会はかねてより県警と覚書を交わし、大災害などの非常時には対策本部を設置して遺体の身元を特定するための歯科所見の作業を行うことになっていた。正式には「歯科的個人識別」と呼ばれ、遺体の口腔《こうくう》の治療痕などを記録するのである。県警との合同研修会も定期的に行っており、やり方はわかっている。昨日の震災によって、常務理事である自分のもとに招集がかかったのだろう。

「わかりました。今からすぐに行きます」

西郷は急いで車に乗り込み、国道四号線を通って二十分ほどの距離にある盛岡駅へ急いだ。

駅裏の人通りの少ない住宅街に、ミラーガラスが目立つ８０２０プラザのビルがあった。ここが岩手県歯科医師会の事務所だった。会議室に入ると、陽が射し込む窓辺に、顔見知りの歯科医師七名が集まって立ち話をしていた。みな歯科医師会で理事など要職に就いている者たちだ。彼らも同じように呼ばれて来たのだ。誰もが表情をこわばらせており、その場は張詰めた雰囲気につつまれている。西郷が近づいて行くと、一人の歯科医が言った。

「地震の直後に津波があったようだ。携帯のワンセグで見たらとんでもないことになっていた。岩手県は宮古市から陸前高田市まで沿岸部の町がことごとくやられてしまっているらしい。犠牲者は相当な数になるそうだ」

津波が来たことをはっきりと知ったのはこれが初めてだった。前日は停電の影響でテレビニュースを見ることができなかったのだ。

「そこへ行って歯科所見を行うことになるのか」

「俺たちが集められたということはそうだろうな。今、うちの担当者が県警と話し合ってどうするかを相談している最中だ」

十時になり、会議室で話し合いがはじまった。歯科医師会には警察歯科医の担当者がおり、彼が県警から聞いた話をつたえる形で行われた。担当者は西郷たち八名の歯科医師に次のように言った。

「昨日の津波によって多数にのぼる死者が出たそうです。岩手県警の話によれば、被害規模は阪神・淡路大震災かそれ以上になると考えられていて、すでに主な町では遺体安置所が設置されて犠牲者が搬送されてきているようです。みなさんには手分けしてそこへ行き、身元確認のための歯科所見を行っていただくことになりますが、宜《よろ》しいでしょうか」

誰も断らなかった。西郷もその一人だったが、具体的にどのような状態になっているのか想像できなかったのである。

担当者はうなずいてさらに話を進めた。被災した町の安置所へは、県警の担当者とともに向かうことになった。行き先は、久慈市、岩泉町、田野畑村、宮古市、山田町、釜石市、大槌町、大船渡市、陸前高田市の計九カ所。すべて岩手県の沿岸部の主要な町である。一人につき一カ所から二カ所を見て回るのだという。

歯科医師の一人が尋ねた。

「一カ所の安置所にどれぐらいの遺体があるのでしょうか」

「はっきりとしたことはわかりません。県警も全体像を把握できない状況なので、現場で確認をとるようにお願いいたします。今夜二十一時にここで報告会を開きますので、それまでにはもどってきてください」

会議が終わると、歯科医たちは準備が整った順に県警の担当者とともに被災地へ向かうことになった。ビルの外にパトカーが待機しており、一人ずつ乗り込んでいくのである。

西郷はいったん帰って着替えを済ませて道具を揃《そろ》えると、若い男女の警察官とともに出発することになった。パトカーの車内は思ったより広く、無線の音がやかましいほど響いている。いつもより空《す》いている国道を走りだすと、警察官はハンドルを握りながらこうつたえた。

「先生には釜石へ行っていただくことになります。旧二中の体育館が安置所になっているそうなので、そこで歯科所見をしてください」

釜石か、と思った。釜石は一九六〇年代までは新日鐵の城下町として栄え、人口は九万人を超え、派手な歓楽街が軒を連ねていた。飲食店にまじって女郎屋などもあり、工場の三交代に合わせてほぼ二十四時間営業していたそうだ。西郷も若い頃に何度か行ったことがあるのでそういう記憶がある。だが今は工場の縮小や漁業の衰退などによって、人口は半分以下にまで減り、老人の多い過疎《かそ》化した港町になっていた。それでも西郷にとって山の緑と潮の香りがまじり合う独特の匂《にお》いはどこか懐《なつ》かしく心ひかれるものがあり、哀愁を呼び起こされる町だった。そこが津波の被害を受けたとはにわかに実感し難い。

盛岡から釜石までは、山林の緑に囲まれた内陸の国道三九六号線を通って遠野市に出て、そこから海岸方面へ二八三号線を抜けて行くことになった。遠野市は盆地になっており、稲が植えられる前の田んぼが広がっていた。峠を過ぎて釜石市内に入ると、いつもと変わらない小さな住宅や商店が並んでいる。商店が一様にシャッターを下ろしている他には、津波が押し寄せた形跡もなければ、地震で家屋が倒壊していることもない。内陸から向かっていたために、そう見えただけなのだが、西郷はほっと安堵《あんど》した。

「本当に津波が来たとは思えないね。まったく平穏に見えるけど……」と西郷は言った。

警察官も詳しいことを知らなかったのだろう、ハンドルを握ったまま答えた。

「先鋒隊《せんぽうたい》からは遺体が相当数あがっていると聞いているのですが……もしかしたら被害にあったのは海辺の一部だけかもしれませんね」

道のわきを子供たちが普段のように歩いているのが見える。杞憂《きゆう》だったらいい。そんな思いがつよくなるが、空からはヘリコプターの無気味な音がしている。

十六時を少し回った頃、西郷たち一行は旧二中にようやく到着した。古びた校舎の前に、何台もの警察車両が所狭しと並んでいた。すでに陽は傾き、夕空をカラスの影が羽ばたいている。西郷たちはその最後尾に車を止めてバッグに入れた歯科の道具を抱えると、急ぎ足で砂埃の舞う校庭を横切って体育館へ入った。

体育館のなかは暗く、自家発電の照明が一台置いてあるだけだ。水を打ったように静まり返っており、人がキュッキュッと床を歩く音だけが響いている。入り口には生徒が上履きを置くための大きな下駄箱《げたばこ》がある。そこにいた警察の関係者が西郷の到着を知り、招き入れた。

「こちらが安置所になります。お入りください」

館内の下駄箱を過ぎた瞬間、床に並ぶ何十体もの遺体が目前に広がった。

西郷は唾を飲み込むのも忘れてそれらを見つめた。津波が町を襲ったのは本当だったのだ。この数からしたら、阪神・淡路大震災の犠牲者数をはるかに上回るにちがいない。

先鋒隊として朝から旧二中に来ていた岩手県警の担当者が近づいてきた。

「わざわざ盛岡からお越しくださり、ありがとうございます。遺体は現状で四十体強ありますが、まだまだ運ばれてきている最中です。先生には、とりあえず今日見つかった分の遺体の歯科所見をお願いしたいのですが宜しいでしょうか」

すでに体育館の床一杯に遺体が収容されている。これ以上増えるとしたら、どれだけの数になるのだろうか。隅では地元の医師がライトを片手に必死の形相で検案をしている。

「全部やるってことですか」

「できる限りお願いいたします。明日になればさらに増えるので、今日のうちに可能なだけ多く済ませなければならないのです」

西郷は時計を見た。二十一時からの報告会に出席するには、遅くとも十九時までには釜石を離れなければならない。残された時間は三時間。一体の遺体にかけられる時間はわずか五分もない。西郷はこれまで市で行われる身元確認作業はすべて警察歯科医の担当者に任せており、訓練以外では、今回が初めてだった。自分にこんな大役が果たせるのか。

やるしかない。西郷は黙って荒々しくバッグを開き、使い慣れた開口器、ミラー、ライトといった用具を取り出した。グズグズと考えているより手を動かさねば。彼は一緒に来た若い警察官に言った。

「君、作業を手伝ってください。僕が遺体の口腔を診て所見を言うから、それをメモしてほしい。協力してやらないと間に合わないんです」

「自分はまったく経験がありませんが……」

「僕が説明をするからそれに従ってやってください。そうでないと終わらない」

西郷は用紙を警察官に渡すや否《いな》や、納体袋のL字形になっているチャックを半分だけあけて遺体の顔を出した。お年寄りの遺体だったが、傷が一つもなくきれいで、眠っているようだ。

だが、開口器をつかって口をこじ開けようとして、津波の恐ろしさを知らしめられた。歯の裏に黒い砂がぎっしりと詰まっていたのだ。大量の砂ごと泥水を飲み込んで窒息したにちがいない。喉《のど》の奥まで入り込んでいて少し動かしただけであふれてくる。犠牲者の多くは泥水を飲み込んだことによる溺死なのだろう。

西郷は一体また一体と遺体を診ていくうちに、釜石で開業している歯科医の友人のことを思い出した。釜石歯科医師会の会長である鈴木勝だ。勝とは同じ年齢で、ともに二浪した末に大学に入って歯科医になった。付き合いはかれこれ三十年にもなる。

あいつは今、生きているのだろうか。

新たな遺体――千葉淳（民生委員）

十四日の朝、旧二中の体育館に横たえられた遺体の数は、前日とは比べものにならないぐらい増えていた。百体はあっただろう。遺体は隙間なく肩を並べるようにつめて置かれており、足の踏み場もないほどだ。それでも、数十分おきにマスクをした市の職員によって新たな遺体が担架で運び込まれてくる。

体育館の入り口の脇で、民生委員の千葉は「釜石」と書かれた消防団の法被を着てその様子を見守っていた。シープラザの災害対策本部で市長に直訴して安置所の管理を担《にな》うことになったものの、彼には警察や市の職員のような制服があるわけではなかった。だが、関係者に指示を出したり、遺族の手助けをしたりするには、安置所で働いている者だと一目でわかる印が必要だ。そこで彼は少し前に消防団に新設されたシニアの部に入ったことを思い出し、もらった法被を引っ張り出して着込むことにしたのだ。一度も活動していなかったため、古株の消防団員に遭遇すると気まずかったが、私服で歩き回っているよりはずっと格好がついた。

千葉はヘルメットを被り、隅でしり込みしてかたまっている市の職員たちを呼び集めた。聞けば普段は全員、地域福祉課や健康推進課など遺体とは関係のない業務をしている者たちばかりだという。数多《あまた》の遺体を前にして狼狽するのも仕方がない。千葉は励ますように言った。

「僕は市長から安置所の管理を任されました。三年前まで葬儀社で働いていたので遺体の扱い方や家族への接し方はわかっているつもりです。一から教えますので、全員で乗り切っていきましょう」

まず千葉が市の職員たちを率いてやらなければならなかったのは、安置所に肉親を探しに来た遺族に警察官とともに対応することだった。警察は毎日朝から体育館の手前にある受付用机にすわって待機していた。家族は一人で来るのを恐れ、親戚を伴ったり、友人に支えられるようにしたりして数人でやってくる。警察官が家族に一礼して「どなたかをお探しですか」と尋ねると、家族は消え入りそうな声で言う。

「夫と母が行方不明なのです。ここにいるかと思いまして……どうすればいいのでしょう」

警察官はうなずき、「こちらへどうぞ」と遺族たちを校舎の側へ案内する。壁にはここに集められた死亡者のリストが貼ってある。紙にそれぞれの遺体につけられた番号が記されており、その横に名前、性別、身長、体重、所持品、手術痕などわかっている限りの情報が書かれているのだ。警察官が安置所に運び込まれた遺体を一体ずつ丁寧に調べて明らかにした情報だった。

「今日までに見つかっている遺体はこれがすべてです。ご家族と思われる特徴のある方がいれば何体でもいいので番号を控えて教えてください。実際に目で見て確認していただきます」

家族たちが食い入るように見つめる。死亡者リストに記載されている特徴にはかなり違いがあった。すでに名前や住所まで明らかになっているものもあれば、波の勢いにもまれて傷《いた》んでしまっているために「年齢二十歳～四十歳」「性別不明」「衣服なし」としか情報が載っていないものもある。家族たちは声を潜めて話し合い、それと思しき遺体につけられた番号をメモしていく。

この作業が終わると、家族は選んだ遺体の番号を警察官につたえ、一緒に目で見て確かめる。千葉や市の職員もこれに同行して、遺体を包んでいる毛布を取ったり、納体袋のチャックを開けたりするのを手伝う。家族は一様に表情をこわばらせながらついてきて、横たわる遺体が肉親でなければ大きな安堵の息を吐いて首を横にふる。だが、本人であることを確認すると、ほとんどの者が頭をかかえて崩れるようにその場にうずくまってかすれた悲鳴を上げる。激しくしゃくり上げ、冷たくなった頰を手でつかんでこう叫ぶのだ。

「ああ、うちの人です。震災の日以来ずっと行方がわからなくなっていたんです」

数日前まで病気一つなく生きていた家族が目の前で冷たくなって横たわっていることが信じられない様子だった。

朝から千葉や市の職員たちは何組もの家族とともに遺体を見て回らなければならなかった。肉親の遺体の前にひれ伏して救えなかったことを謝る者もいれば、呆然として「嘘だろ」と何度もつぶやく者もいた。

市の職員たちはこうした遺族にどう接していいかわからず、数歩離れて見守ることしかできなかった。しかし千葉だけはためらうことなく、遺族の隣に歩み寄って、手で顔を覆って泣いている人たちにやさしく言葉をかけた。ある家族には次のように言った。

「つらいかもしれませんが、亡くなった方はご家族に迎えに来てもらえてとても喜んでいると思います。急にお顔がやさしくなったような気がします。これからは毎日会いに来てあげてください。きっと故人の顔はもっと和らいでいきますから」

家族は故人を助けてやれなかったことを悔やみ、自分をくり返し責める。だからこそ千葉は彼らの気持ちが楽になる言葉をかけつづけたのだろう。

市の職員たちはそうした千葉の行動を目にして、見よう見真似《みまね》で自分でも家族には話しかけるようになった。千葉も彼らに遺族の心理状態や励まし方について積極的に助言をした。あの母親は毎日死んだ子に会いに来ているから交替でなぐさめよう、とか、あの遺体は夫婦だから一緒に並べよう、と。職員たちにも自覚が芽生え、ときには自発的に集まってこういう場合はどうしたらよいかなどと相談するようになっていった。

あるとき千葉がふと気がつくと、体育館の正面に祭壇が設けられていた。学習机が並べられ、その上に金魚鉢に土を入れた香炉の代用品が置いてあった。職員たちがアイディアを出し合ってつくったのだろう。

「これ、いい発案ですね。祭壇があると遺族も気持ちが楽になるはずです」

だが、千葉が試しに線香を差してみたところ、うまく立たずにポキッと折れてしまった。アレッ、と思った。土だと硬すぎて線香の方が折れてしまうのだ。そこで千葉は土の代わりに倉庫にあった石灰を入れてつかうことにした。

市の職員は一組また一組と家族に付き添い、言葉を交わしていくことで徐々に仕事になじんでいった。しかし千葉は作業をするなかで一つ気にかかっていたことがあった。職員たちの遺体の取り扱い方だ。

遺体の多くが死後硬直し、手足を突っ張らせていたり、膝が曲がったりしたままだった。口が絶叫したような形で開いた状態になってしまっているものもあった。家族の目には故人がまだ苦しんでいるように映ったらしく、「何とかしてください」と訴えられたことも一度や二度ではなかった。

千葉はこうしたことに配慮して、市の職員や警察官が硬直した遺体を強引に納体袋に入れようとしているのを見かけると、近づいていって死後硬直の解き方を教えることにした。死後硬直は筋肉が化学変化によって固まって起こるため、筋肉を揉《も》み解《ほぐ》しながら伸ばすともとの状態にもどることがある。

たとえば腕が曲がっているときは遺体の横に膝をついて、右手で関節の筋肉を揉み、左手で伸ばす。あるいは口が開いているときは、顎《あご》の筋肉を左右交互にさすりながら下顎から持ち上げるように閉じていく。五分、十分、ときには十五分以上つづけなければならないこともあったが、ゆっくりとだが筋肉がほぐれて、固まっていた腕や顎がもとにもどるのだ。

千葉は遺体を励ますようにこう語りかけた。

「ちょっとつらいだろうけど頑張ってくれな。そうだ、もうちょっとだ。もうちょっとだけ伸ばしてくれ」

すると、遺体は言うことを聞くかのように手足を伸ばす。こうして体を真っ直ぐにしてから納体袋に納めておけば、遺族が会いに来ても驚き嘆くようなことはないはずだった。

千葉は納体袋に入った遺体に向かって声をかける。

「頑張ってくれて、ありがとうな。ちょっとの間ここに入って待っててね。すぐに家族が迎えにきてくれるからね」

一言そう語りかけるだけで、残酷な現場の空気が和んだ。

昼になると、旧二中の安置所の遺体はさらに増えた。狭い体育館には置き場所がなくなりつつあったため、市の職員や警察官が集まって校舎の教室へ移すかどうかという話し合いをはじめた。遺族が訪れて身元が明らかになっても、火葬が行われていなかったせいで遺体は増加する一方だったのだ。このままでは今日、明日にも遺体を収容し切れなくなる。

千葉はなかなか火葬が開始されないことにいら立ちを覚えて市の職員に尋ねてみた。焼くことさえできれば置き場所に困ることはないのではないか、と。するとこんな答えが返ってきた。

「今、火葬場が震災の影響で稼働《かどう》を停止してしまっているそうです。山の中腹にあったために津波の直接的な被害は免れたのですが、いろいろと問題が起きて動かすことができなくなっているみたいです」

「稼働を停止って……何が起きたんですか」

「まず停電のために機械を動かす電気がストップしてしまっています。さらに燃料が供給できなくなっていたり、機械のベルト部分が故障していたり。担当者が対策を考えていますが、どうなるかはまだわかりません」

千葉は蒼《あお》ざめた。このままでは安置所がパンクしてしまうし、人手も足りなくなる。それに百体以上の遺体が腐敗しはじめたらどうなるというのか。

「電気は自家発電でなんとかなりますし、ベルトはよその市から取り寄せるしかありません。グズグズしている時間の余裕はないので、僕が今から災害対策本部へ出向いて、市長さんに直接話してきます」

千葉はそう言い残すと体育館を飛び出し、車に乗ってシープラザ二階の災害対策本部へと直行した。

死者から出る気泡――小泉嘉明（釜石医師会会長）
旧二中の安置所は、昼を過ぎても薄暗く陰っていた。冷たい隙間風が吹き込んできて、頬や耳に刺すような痛みを与え、指先が自然と震えてくる。黴《かび》臭い入り口に立つ市の職員たちの口から出る吐息は白くなっていた。

体育館の片隅で、釜石医師会の会長である小泉はゴム手袋をはめ、遺体の前にしゃがみ込み、端から順に検案を行っていった。この日のうちに診なければならない遺体が列をなしている。普段はおしゃべりで周囲を笑わせるのが好きな彼も、このときばかりは時間に追われて作業に打ち込むしかなかった。

朝、小泉は検案を開始する前に県警の担当者と相談して、役割分担をはっきりとさせていた。まず警察が四人一組のチームを組み、運ばれてきた遺体から衣服を脱がし、体についた泥を丁寧に洗う。津波で流された遺体はひどく汚れているため、身元確認の前に水で洗い落としておく必要があるのだ。ただ校舎の水道は止まっているため、ペットボトルやバケツをかついで近所の沢までくみに行かなければならなかった。

次に行うのが、遺体の特徴等の記録である。まず遺体に番号をふり、個別に専門の用紙を用意する。そこには身長、体重、髪型、衣服、所持品などの欄があり、遺体と照らし合わせながら記していくのである。服のブランドやデザインは何か、指輪には名前が彫られているか、髪は染めているか。特に手術痕や入れ墨などがある場合は丹念に調べられた。家族が探しにくるのが遅れて腐敗が進んでしまったときは、こうした証拠の有無が大きな影響を及ぼす。

警察官たちは最後に遺体の顔写真を撮影し終えると、小泉に検案を託す。

「先生、＊＊番から＊＊番までの遺体の検案をお願いします」

専用の死体検案書には、氏名、死因、死亡時刻などを記す欄がある。小泉は氏名のわからない者については番号だけで、埋められる欄だけを埋めていくのだ。小泉は一体終えると、休む間もなく新しい遺体へと取りかかった。だが、一日に何十体もの遺体を検案するとなると、従来の方法で一体にゆっくり時間をかけて診ていくような余裕はない。

そこで小泉は遺体は津波による溺死であると推定してそれを最初に確認する方法を取った。手で遺体の鼻をつよくつまんだり、胸部を押したりするのである。遺体が津波による溺死であれば、肺や気管に海水が大量にたまっているため、かかった圧力によって白い気泡状の水がチッチッチッと音を立ててあふれ出してくる。これが認められたものについては死因を「津波による溺死」として処理すればペースは上がる。

ただ、遺体のすべてがこれに当てはまるわけではなかった。血を吐いたような痕跡《こんせき》や大きな火傷《やけど》の痕が残っており、一目で溺死とは判断できないものもある。また、遺体を引っくり返してみたら後頭部に大きな打撲痕や裂傷が見つかることもあった。大抵は津波で流された際に瓦礫などがぶつかってできた傷なのだが、本当にそうかどうかは注意深く調べなくてはわからないため、通常警察署で行う方法で時間をかけて死因を特定することになる。自殺死体や他殺死体がまぎれていないとは必ずしも限らないのである。

小泉は集中してどんどん作業を進めていきたかったが、時折警察官が呼びに来ることがあった。

「お忙しいところすみません。DNAの血液採取をお願いできますか」

警察官は身元確認をする一方で、DNA型鑑定に必要なサンプルを採取し、保管していた。爪《つめ》や毛髪であれば警察が行うのだが、血液採取だけは法律上医師が行わなければならない。

小泉は「わかりました」と言って検案を中断し、別の遺体のところまで歩いていく。そこには裸にされたばかりの遺体がある。

「注射器と採血用容器《スピッツ》を取ってください」

警察官が渡すのは、十センチの長針がついた注射器だ。小泉はこれを受け取ると、遺体の胸の真ん中よりやや左の心臓に向かって突き刺し、血液を採取する。人は死亡した時点で手足の血管の血が凝固してしまうため、心臓からしか採取することができない。ドロドロとしてどす黒い血液が注射器のなかに入ってくる。

胸を押したり、注射をしたりする際に体を見ると、その遺体が漁師かどうかはすぐにわかった。指が極端にごつく、胸板が厚いのだ。そういう遺体に出くわすと、また一人マチから海の男が消えたんだな、と思う。工場があるといっても釜石は海に支えられている町だ。漁師を失うということはその基盤を失うことと同じだった。

小泉がかがみこんで遺体と向き合っていると、たまに家族が警察や市の職員に伴われて通り過ぎていくことがあった。行方不明中の肉親を探すために、納体袋を開けて見ているのだ。なかにはむきになって、端から順に五体も六体もたてつづけに調べている者もいる。「これではありません」「これも違います」という声がだんだん近づいてきて、突然悲鳴のような声が上がる。

「母です！　私の母です！　ああ、やっぱりここにいた！」

娘は遺体に抱きつくようにしゃがみ込んで泣きはじめる。一緒にいた親族も頭を垂れて、顔を手で覆う。

小泉はその声が耳に入ってきても家族に目を向けることすらなく、床に膝をついたまま黙々と検案を行っていた。小さなライトで顔を照らしながら胸を強く押したり、注射器で心臓から血液採取を行ったりして、所見を用紙に書き記していく。目の前の仕事を無心でこなす。

無論、小泉には家族のむせびなく声が聞こえていたし、視界の隅にはその姿が入っていた。気づかないふりをして作業に打ち込んでいたのは、意識をそこに向けてしまえば心がかき乱されるのが明らかだったからだ。遺族の悲しみが一気に胸のなかに雪崩《なだ》れ込んできて、どうしていいかわからなくなって作業が手につかなくなってしまう。だからこそ、小泉は遺族が泣き叫ぼうとも絶対に顔を上げようとはせず、「仕事に集中しろ」と自分に言い聞かせて手だけを動かした。それは身元確認作業をしている警察官たちも同じだった。

だが、そんな小泉も知り合いの遺体を見つけたときだけは動揺せずにはいられなかった。納体袋を開くと知った顔が現れるのだ。一人、二人ではない。十年以上病院に通ってきてくれた患者、二日前に会ったばかりのロータリークラブの友人、仲のいい友人の兄弟などたくさんいた。何十年もの間釜石で老舗《しにせ》の医院を開いていれば、住人たちとは大なり小なり面識ができるものなのだ。大戦中の艦砲射撃のとき、父もこの場所で同じように顔見知りの遺体と向き合っていたのだろうか。

小泉は身元確認のメモに記された知った名前に気がつく度に、誰にも聞こえないほど小さな声でつぶやいた。

「君もか……」

深いため息をつき、冷たくなった胸を両手で力いっぱい押すと、気泡状の海水が咽《いん》喉《こう》から溢れてくる。チッチッチッという音は他と変わらない。

朝から検案の作業を全力でこなしていったが、体育館に並ぶ遺体は時間が経つごとに増えていった。一体の検案を終えて立ち上がると、新しい遺体が二体も三体も増えているのである。自衛隊員や警察官たちが流れ作業のようにしてマチで発見した遺体を担架に乗せて運び込んでくる。

小泉はそれを見る度に重い徒労感に打ちひしがれた。これでは作業が終わることなんてないのではないか。一体どれだけの数の知り合いの死顔を見て、胸を押して、死体検案書を書かなくてはならないのだろう。彼はこみ上げてくる憤懣《ふんまん》を喉もとで呑み込み、歯を食いしばって次の新しい遺体を診ていくしかなかった。

十七時を過ぎて陽が傾くと、体育館はライトなしでは歩き回ることもままならないほど暗くなった。窓も小さいので、月明かりがほとんど射し込まず闇に閉ざされてしまう。室温が一気に零度近くまでに下がり、しゃがみ込んでいるだけで全身が震えてくる。警察官もさすがにこれ以上はつづけられないと判断したらしく近づいてきて、この日の作業を終了にすると言い渡した。

小泉はほっと息を吐き、ゴム手袋を外してから、ライトやティッシュペーパーを片づけはじめた。一日で診た遺体の数はざっと四、五十体。朝の時点であった遺体についてはすべて終えていたが、新しい遺体がさらに二十体ほど運び込まれていたのだ。明日はどれぐらいになるのだろうか。

そのとき小泉のもとに朝言葉を交わした県警の担当者が歩み寄ってきた。彼は申し訳なさそうに言った。

「今日は一日ありがとうございました。すみませんが、明日もお願いできるでしょうか」

「ああ、そのつもりです」

小泉は明るく答えたつもりだったが、声が沈んでいた。

県警の担当者は表情一つ変えずにつづけた。

「それと一つ相談があるんですが……」

「相談？」

「今日は小泉先生の検案とは別に、岩手県歯科医師会の西郷先生という歯科医の方に歯科所見を行ってもらいました。しかし、西郷先生は岩手県歯科医師会からの派遣なので明日来られるかどうかは定かではありません。地元の歯科の先生をどなたか紹介していただけないでしょうか」

ふり返ると、暗くなった体育館で、一人の歯科医がライトを手にして遺体の口を開け、口腔を調べている。あの人が西郷先生か、と思った。午後遅い時間に盛岡からやってきたために捗《はかど》っておらず、もう少し残って作業を行うのだという。

「歯科医か……」

小泉の脳裏には、釜石歯科医師会の会長を務める鈴木勝の姿が浮かんだ。勝は小泉医院とはわずか百メートルほどしか離れていない近所で開業していた。娘同士が幼馴《おさな》染《じみ》だったため、よく一緒に学校の送り迎えをした。今も家族ぐるみの付き合いをしている。彼に頼んでみるしかない。

「わかった。医師会の方から依頼してみる。たぶん、大丈夫だと思う」

「申し訳ありません」

小泉は、一体この状況がどれだけつづくのだろうと考えた。今日のペースで遺体が運ばれてきたら、医師も歯科医も今のままでは到底足りない。明日、様子を見て今後の対応を決めるしかないだろう。

夜の来訪者——鈴木勝（釜石歯科医師会会長）

三月十二日の夕方、中妻町にある鈴木歯科医院には、歯科助手の女性や受付スタッフが総出でつめていた。停電になった院内で、彼女たちは寒さをしのぐためにコートを着たまま雑務に忙殺されていた。

　非常の事態が起きれば、歯科医師会の会員の安否を確認したり、盛岡の本部へ報告をしたりしなければならない。だが、停電のために連絡がままならない上、テレビやパソコンがつかえないために、同じ町で何が起きているのかさえ把握できなかった。受付の女性が唯一《ゆいいつ》動くラジオに齧《かじ》りついてニュースをメモしていたが、岩手県内のことで報じられるのは「陸前高田が壊滅」とか「大槌町で火災が発生」という話ばかりで、釜石についてはほとんど触れられていない。駅前の道は警察に封鎖されているため、見に行くこともかなわない。

　院長の鈴木勝は震災から丸一日経っても正確な情報が得られず、焦燥感を募らせていた。年齢は五十四歳。釜石歯科医師会の会長を務める背の高い男だ。前日、勝たちが津波の来襲を知ったのは、震災の直後に入った一本の電話によってだった。揺れが収まってしばらくしたとき、両石町《りょういしちょう》という小さな集落で漁師をしている歯科助手の女性の親が電話をかけてきて、こう叫んだのだ。

「津波がきた！　津波だ！　逃げろ！」

　歯科助手の女性は意味がわからずに訊き返したが、それだけ言ったところで電話が切れてしまった。両石町は明治の三陸津波の際、人口九百三十九人のうち七百九十人が死亡するという歴史上稀《まれ》に見る被害を被《こうむ》った地域であり、津波に対する意識は高かった。地震の直後にこうした電話があったということは、本当に津波が実家を襲ったのではないか。

彼女は取り乱し、「家に帰る！　親に会いに行く！」と言いだした。勝や歯科助手の仲間たちはそんな彼女を押えてなだめた。もし本当に津波があったとしたら海沿いの国道は塞《ふさ》がって通れなくなっているはずだし、余震がつづいている状況で海の近くに行かせるわけにはいかない。情報が遮断され何もわからなかったが、今は待機して事態が明らかになるのを待つことしかできなかった。

鈴木歯科医院からわずか二キロ離れた釜石のマチまでもが津波に襲われていたことを知ったのは、夕方遅くなってからだった。先ほどの歯科助手の夫が突然勝たちのもとにやってきたのである。港にあるエヌエスオカムラの工場で工員として働いている彼は興奮で声を裏返して言った。

「すげえことになってます！　マチは終わりです。車や家が流されて、全部沈んでしまいました。本当にすげえ状態です」

津波が来たとき、彼は工場の二階に逃げて難を逃れたものの、真っ黒な波が工場の壁を突き破り、マチになだれ込んで家屋を押し流していく光景を一部始終見ていたのである。

しかし、彼の言葉だけでは起きたことの全容を正確に把握することができなかった。落ち着かせて冷静に状況を語らせようとしても、彼は興奮のあまり「もう終わりだ」とか「すげえ」と言うだけで細かなことがわからないのだ。勝は仕方なくこの夜帰宅することのできなくなったその夫婦を自宅に泊らせることにした。

翌日になってようやく、東北の沿岸全体が津波の被害を受けたことを知った。受付の女性がラジオのニュースから情報を集めつづけたことで、夕方ぐらいになってようやく実態が明らかになったのだ。だが、東北全体のことは把握できても、行こうと思えば徒歩でも行けるマチのことについては報じられず、検問も依然としてつづいていたため、具体的な被害状況をつかめずにいた。勝は、受付の女性からニュースの報告を受けながら、場合によっては検問を抜けてでも会員や友人が多数住んでいるマチの様子を確認しなければならないだろうと考えていた。

医師会の会長小泉が鈴木歯科医院を尋ねてきたのはそのときだった。小泉とは家族同然の付き合いをしており、年齢的には一回り年上の兄のような存在だ。

暗くなった玄関に立つ小泉は、思いつめたような深刻な表情をしている。いつもの陽気さがまったくない。何かとてつもないものを見てきたようだ。小泉は、口を開いた。

「津波が起きたのは知っているだろ。俺はさっきまで警察に頼まれて遺体安置所へ行ってきたんだ。旧二中の体育館に死亡者が集められている」

安置所と聞いても実感がわかなかった。

「どんな状況なんですか」と勝は訊いた。

「半端《はんぱ》ねえよ。体育館一面に、ゴロゴロ遺体が転がっていて、それらを片っ端から検案していくんだ。俺は朝九時から今まで何十体も診てきた。歯科所見については、今日は岩手県の歯科医師会から歯科医が一人だけきてやっていたが、明日来られるかどうかわからないらしい。それで県警の担当者が頭を抱えている」

勝は生唾を飲み込んだ。小泉の「半端ねえよ」という口調によって一気に現実をつきつけられた気になったのだ。勝は三年前から釜石歯科医師会の会長を務めていたが、変死体の歯科所見は一度しかしたことがなかった。だが、それを言い訳にして逃げるわけにはいかない。

「僕が、手伝いましょうか……」と勝は言った。

小泉はうなずいた。

「申し訳ないけど、頼む。明日の朝九時からはじまるから、それまでに来てくれ。県警の担当者も紹介する」

小泉はそう言い残すと背を向けて帰っていった。

玄関にとり残された勝はとてつもなく大きな渦に自分が巻き込まれつつあるのを感じていた。だが、この時点では旧二中で待ち受けているものが何なのか的確に思い描くことはできなかった。

第二章　遺体搬送を命じられて

耳を疑う指示――松岡公浩（釜石市職員）

三月十一日以降、釜石のマチはどこまでも瓦礫がつみ重なる廃墟《はいきょ》となり、ヘドロを被った死屍《しし》が累々《るいるい》と横たわっていた。民家に頭をつっこんで死んでいる女性、電信柱にしがみつきながら死後硬直している男性、尖《とが》った木材が顔に突き刺さったまま仰向《あおむ》けになって転がっている老人。亡骸《なきがら》は誰かに見つけられるまで野ざらしになっていた。

こうした被災地から遺体を一体ずつ拾い上げ、トラックの荷台に乗せては旧二中の安置所へ運んでいた人物がいる。松岡公浩、四十六歳だ。本来の所属は市の生涯学習スポーツ課、国民体育大会担当係長。シープラザの隣にある釜石市教育センターというビルの一階に職場があり、地震の発生直前までは二〇一六年に開催される「いわて国体」の準備を責任者として取り仕切っていた。

松岡は課のなかでも無類のスポーツ好きとして知られており、休日はサッカーのジユニアチームで指導をしていた。背が高く、顔の彫りが深いために厳《いか》つく見えるが、実際は物腰が柔かでよく冗談を言う。大学時代は大阪に住んでいたことがあり、好きな話題になって気が乗ると突然関西弁でしゃべりだす。特にサッカーには目がなく、何十分も一人で語りつづけるほど熱いところがある。きっとそんな性格だからこそ、国体の担当に適任だとして任命されたのだろう。

だが、震災は松岡の運命を想像もしていなかった方向へ変えることになった。津波によって甚大な被害が出て間もなく、松岡は突然上司に呼び出され、急遽遺体搬送班への転任を要請されることになったのだ。マスクをかけ、手袋をし、被災地で見つかった遺体を担ぎ上げて安置所へと移す仕事である。

このとき、松岡は津波の被災地を見ておらず、そこが具体的にどんな状況に陥っているのかわからなかった。ただ上司に命じられてうなずき、その職を任されただけなのだ。それから、二カ月以上にわたって、松岡は市の職員でたった一人この仕事を一貫して行うことになった——。

三月十一日、地震が釜石を襲ったとき、松岡は教育センターの冷え切った一階のトイレに閉じこもって用を足している最中だった。腹を下していたため、マチへの外回りの業務を断って、トイレの便座にすわっていたのである。天井の電気は古く消えかかっており、ドアの隙間から冷気が吹きつけている。

突如、横揺れの激しい地動がきたと思うと、便座やドアがガタガタと今にも壊れそうなほど大きな音を立てはじめた。ろくに尻《しり》もふかずに慌《あわ》ててズボンをたくし上げて外へ出てみると、同僚たちが続々と駆け出てきた。余震が起こる度にビルは倒れるのではないかと思うほど横に揺れ、女性職員たちの悲鳴が上がる。

防災行政無線からは津波警報を発する放送が流れていた。大きな地震の際には警報が出ることになっていたが、一度も津波が起こると思ったことはなかった。だが、今回は本当に津波が来るかもしれない。松岡はマチの状況を確かめるため教育センターの屋上へ駆け上がった。

屋上から見下してみたが、甲子川沿いには旅館など高い建物が林立しており、海辺に広がる繁華街が見えなかった。そこには商店、病院、幼稚園などが集まり、大勢の人々が住んでいる。何も起こらなければいいが……。市の職員たち数人も心配そうに見つめている。

そのとき「あれを見ろ！」という声が上がった。甲子川の水が黒く泡立ちながら逆流をはじめていたのだ。津波だ、と思った。海から波が押し寄せたことで、川の流れが押しもどされているにちがいない。だが、高い建物のせいでマチの様子は見えず、焦燥感だけが募った。

教育センターの静まり返った空気が急変したのは、十七時を過ぎた頃だった。マチの方角から住民たちがガード下のトンネルを抜け、亡者《もうじゃ》のようにうなだれてぞろぞろと集まってきたのである。ずぶ濡れになっている男性もいれば、泣きじゃくる子供を抱きかかえている母親もいた。津波に襲われたマチで奇跡的に生き残った人々が着の身着のままの姿で避難してきたのだ。

松岡たち市の職員は避難者たちを受け入れることにして、教育センターの四階、五階の空いている部屋を開放した。だが、わずか数時間でその数は三百人を上回り、満杯で外にあふれ出してしまった。やむを得ず残りの人々を道を挟んだ向かいにあるスーパーマーケット「マイヤ」や家電量販店「ケーズデンキ」の駐車場へと誘導することにした。避難者のなかにはお年寄りや子供もたくさん交っている。松岡たちは彼らの体調を気づかってスーパーマーケットの責任者と交渉して食糧や防寒具をわけてもらい、炊《た》き出しを行った。大半の職員が自分の家族の安否をたしかめるより先に避難者の身を守るために夜を徹して働いたのだ。

深夜になると、人々は蠟燭《ろうそく》の周りに集まり、身を寄せ合って底冷えのする寒さをしのいだ。彼らは津波の体験が鮮烈に残っていて興奮状態にあり、明け方になっても目を血走らせながら昼間見たマチが崩壊する光景を口々にはなした。ある者は目の前で老婆《ろうば》が流されるのを目撃したと言い、ある者は自分が乗っていた車が流されて間一髪のところでガラスを割って逃げ出したと語った。また、生まれ育った町が跡形もなくなっていくのをビルの屋上から見下ろすことしかできなかったと震える声で告白する者もいた。

こうして二日が過ぎ、十三日になった。夜が明けると、東の空にかかる雲が赤い陽で地層のように染まる。松岡は夜通し避難者の支援活動に追われて、この朝も事務所の椅子でのうたた寝から覚めた。避難所へ赴こうと立ち上がったとき、不意に課長から呼び出しを受けた。何の話なのだろう。指示された場所へ行くと、そこには、同じように呼ばれた六人の男性職員が寒そうにポケットに手を入れて立っていた。生涯学習スポーツ課の他、総務学事課の職員の姿もあった。

しばらくすると、課長がみんなの前に現れ、松岡を含む七人に重苦しい口調で言った。

「津波による被害が、当初想像していたよりはるかに大きくなっている。今、自衛隊や消防隊が遺体を探しているのだが、あまりに多いために一時的に甲子川の先にある大渡町に仮置場を設置して集めることになった。彼らが遺体捜索に集中できるよう、自治体では別に遺体搬送班をつくって遺体を旧二中の安置所へ運ぶことにした。俺としては君たちにその任に当たってもらいたいと思うのだがどうだろう」

みな依頼の意味をうまく理解できないでいた。津波によってマチに甚大な被害が出ていることは知っていた。だが、実際に自分が現場に足を運ぶということを思い描けなかったのである。

「亡くなった犠牲者を運搬するということですよね？　今日で震災から丸二日になります。今もそんなにたくさんの遺体がマチにあるのでしょうか」

「俺も詳しいことはわからないが、かなりの被害規模らしい。それで俺たちのところに依頼があったんだ。引き受けてくれるか」

松岡たちは目配せをした。状況がわからないため、断るにしても理由を見つけることができない。やむを得ず答えた。

「わかりました。指示ならば従います」

とはいえ、マニュアルなどまるでない。松岡たちはその場で話し合い、遺体を運ぶための担架を急遽三つ用意することにした。一つは教育センター内にあったもの、もう二つはスーパーマーケットに緊急用に備えられていたものを借りてきた。それを教育委員会が所有するトラックの荷台に乗せ、松岡が運転して大渡町の仮置場へ向けて出発したのである。トラックは錆だらけでいつ壊れて止まってもおかしくない代物《しろもの》だった。

マチへの入り口である釜石駅横の三陸鉄道南リアス線のガード下まで来ると、警察官が立ちふさがって通行止めをしていた。アスファルトはヘドロにまみれ、数台の車がつぶれて横転している。津波はここまで到達していたのだ。

住民たちが警察官を取り囲み、怒った顔つきで、「マチへ行かせろ」「家に帰らせろ」と口々に訴えている。松岡たちは警察官に事情を説明して特別に許可をもらい、トラックを道脇に並ぶ自衛隊の車両の横につけ、徒歩でガード下を潜り抜けることにした。

ガードの先にある橋を越えて大渡町に入ると、倒壊した家屋がどこまでもつらなっている光景が目前に広がった。家の塀が木っ端みじんになって散乱し、その上に本棚や冷蔵庫や屋根が流されて三メートルも四メートルも、つみ重なっているのだ。店の二階に突き刺っている車まである。海水に下水やガソリンや生ゴミがまじり合った悪臭がたちこめ、鼻をねじ曲げる。これが津波の臭いなのか。

「な、なんだよ、これ。本当にマチなのかよ」

職員たちは声を震わせてつぶやくのがやっとだった。

二日前まで甲子川の周辺は花が植えられたきれいな遊歩道がつづいていた。川辺には釣りを楽しむ人たちの姿があり、小鳥が水を飲みに集まる。さらに先へ進めば、商店や飲み屋街が軒をつらねる賑やかなメインストリートで、学校帰りの中高生や買い物に来た親子の姿があふれていた。だが、今は灰色の瓦礫の山がどこまでもつづく廃墟でしかない。

上空ではヘリコプターが何機も旋回して空を割るような音を立てている。散らばるガラスや釘《くぎ》を跨《また》ぎながら進むと、大渡町の仮置場は甲子川沿いの空き地にあった。割れて隆起したアスファルトの近くにブルーシートが敷かれ、毛布にくるまれた遺体が横たわる。一つ一つが異様なほど大きく見える。市場に並べられたマグロのようだったが、毛布の端から靴が脱げて泥だらけになった人間の足が突き出している。本物の死体だ、と思い背筋が寒くなった。

近寄ってのぞくと、足の皮膚はわずかに赤黒く変色しはじめており、細かな砂がびっしりとついている。全部で十体ほどあったろうか。傍らでは同僚の市の職員が寒そうに身を縮めて一人で見張っている。

松岡はその職員に自分たちが来た理由をつたえてから、毛布をめくってみた。遺体はどれも硬直して手を握りしめ、押し寄せる水を飲み込むまいとしっかり口を閉じていた。鼻や耳には大量の砂が入り込んでいる。犠牲者はお年寄りが多かったが、お腹《なか》の膨らんだ若い妊婦と三歳ぐらいの小さな女の子の遺体も横たえられていた。聞くと、妊婦だった母親が幼い娘を連れて逃げているときに津波に巻き込まれたのだという。まだ二十代だろう。

「誰かこの妊婦を知っているか」と一人が言った。

全員がうつむいて口を真一文字に結んでいた。知人がいなくてよかったという思いが広がる。だが、次の瞬間には自分がこの身重の女性を担架に乗せて運ばなければならないのかと思い、恐怖がこみ上げてくる。

戸惑っていると、通りがかった住民たちが仮置場に並べられた遺体を遠目に見つめているのに気づいた。通行止めをしているのとは逆方向から入ってきたのかもしれない。時間が経てばさらにマチにもどってくる住民は増えるし、その分人目にさらされることになるだろう。

同僚の一人が絞り出すような声で沈黙を破った。

「よし。遺体を、旧二中へ運ぶぞ。このまま遺体を放ったらかしにしておくわけにもいかない」

松岡はうなずき、同僚たちと手分けしてふられた番号の早い遺体から順に腕や足を支えて担架に移した。そしてそれを持ち上げ、ガード下近くに止めたトラックの所まで運んでいくことにした。初めて担ぐ他人の遺体は海水を含んでいるのか、鉛のようにずっしりと重たい。巨大なコンクリートの塊を運んでいるようだ。死後硬直のせいで体の一部が担架からはみ出しており、瓦礫の上を歩いていると、バランスを崩して落としてしまいそうになる。

「足元に気をつけろ。傾かせるな」

声をかけ合いながら一歩ずつ慎重に歩いていく。どうして自分たちがこんなことをしているのか。なぜなのか。口には出さなかったが誰もがそう思っていた。

一時間後、松岡たちは一度遺体を旧二中の体育館に運び終え、再び残りの遺体を運ぶために仮置場にやってきた。トラックの荷台に置けるのは最大で四体。十体の遺体を旧二中へ運ぶためには三往復しなければならなかった。

担架をかかえて仮置場にもどると、松岡はそこにあった光景を見て唖然《あぜん》として言葉を失った。地面に並べられた遺体が、先ほどよりさらに増えていたのである。この新しい遺体は何なのか。留守を守っていた市の職員が答えた。

「みなさんが運んでいる間に、新たに発見されたのです。昨日からずっとこうしてひっきりなしに遺体が運ばれてきているのです」

体の力が抜けた。まるで瓦礫の向うから、列をなして遺体が行進してくるようだった。

✣✣✣

集落が消えていく——佐々幸雄（消防団員）

震災発生直後、最初に廃墟となった被災地で散乱する遺体を発見し、回収したのは、地元の消防団員だった。

消防団とは市町村に設置された自治的な火災・災害対策応援機関で、地元住人によって構成されている。日頃はそれぞれ別の仕事に就いているのだが、「屯所」と呼ばれる消防ポンプ車を備えた事務所を所有し、手当をもらいながら定期的に訓練を受ける。そして災害発生時にはいち早く駆けつけ、消防活動や水門閉鎖など災害防止業務を行う。東北の小さな町では、消防団に加入していることが責任のある大人の証《あか》しの一つとなり、これを縁に地域の住人と親族のような付き合いをすることができるようになるのである。

釜石にある消防団は第一分団から第八分団に分かれており、それぞれが市内の決められた地域を担当していた。このうちもっとも被害が甚大だったのが、第六分団が管《かん》轄《かつ》する鵜住居町、両石町など漁師が多く暮らす集落であり、いずれも巨人に踏み躙《にじ》られたように町が完全に流されて消滅した。

第六分団の副団長、佐々幸雄は、津波の来襲する瞬間から死者が散乱する光景まで一部始終を目撃した人物だ。佐々は室浜という青い海に面した静かな集落で漁師をしていた。室浜は釜石市と大槌町の境目にあり、人口はわずか二百人あまり。六月からの漁期に入ると、連日のように漁船が沖を往《ゆ》き、イワシやサバで港が活気づく。

三月十一日、佐々は海辺の作業小屋で漁で使用する道具の整備を一人で行なっていた。一年を占う漁期の幕開けの日のために少しずつ道具を整えておかなければならなかったのだ。

十四時四十六分、巨大な地響きとともに小さな作業小屋が揺れはじめた。取るものも取りあえず飛び出すと、外には集落の男性二名が狼狽した顔で立っていた。一人が慌てた声で言った。

「すげえ揺れだ。こりゃきっと津波が来るぞ」

五十九歳になる彼にとっても初めて体験する揺れだった。

すぐに津波に備えねばならない。この地区もまた、明治、昭和の三陸津波の際に甚大な被害を受けていたため、大地震と津波を一括《ひとくく》りにして考え、「津波てんでんこ」といって大地震があれば各自てんでばらばらに、とにかく即座に逃げろとつたえられていた。

佐々が消防団の屯所へ駆けつけると、すでに数名の団員たちが集まってきていた。彼は団員たちをつれて赤い消防ポンプ車に乗り込み、集落に数カ所ある水門を閉鎖しに出発することにした。すべての水門を手作業で閉めたのは十五時十五分、その足で避難所に指定された高台の道路に到着すると、先に十数名の集落の住民が逃げて集まっていた。

海に白波が立ち、巨大な津波が迫ってきたのはその直後だった。海が次第に盛り上がって迫ってきたかと思うと、防波堤を軽々と乗り越えて雪崩れ込んできた。集落に密集していた家屋や小屋はなぎ倒され、流れていく。みるみるうちに瓦礫とともに波が襲いかかってくる。

「逃げろ！　ここまで波が来るぞ！」

佐々が他の人たちをつれてさらに高台へ上がろうとしたとき、水が道路に打ち寄せてきた。隣にいた七十代の女性が足を取られて倒れ、波に引きずられるように流される。佐々は彼女の腕をつかんで救おうとしたが、今度は自分が波を被ってしまった。木材がぶつかり、体が浮き上がる。もうダメだと思ったが、今度は別の男性が間一髪のところで佐々をつかんで止めてくれた。佐々は一緒にいた女性をたぐり寄せ、高台によじ登った。

ふり返ると、集落は完全に海に呑み込まれていた。水面には粉砕された家屋の建材が浮いており、あちらこちらに巨大な渦ができている。そのとき、佐々はハザードランプが点滅した一台の見覚えのある車が流されているのに気がついた。親戚の車だ。車内には、七十歳になる親戚の姿がはっきりと見える。後で知らされたことによれば、家にいる飼い犬を助けに行って波につかまったらしい。

——逃げてくれ！　このままだと流される。

佐々はものにしがみつきながら、祈るように心のなかで叫んだ。車中では脱出を試みているようだったが、水圧のせいでドアが開かないらしい。車は親戚を乗せたまま、みるみるうちに沖へと流されていった。そして大きな渦に引き寄せられたかと思うと、その周りを回転しはじめた。渦の中心へと近づいていく。

このままでは渦の底に沈んでしまう。佐々はいても立ってもいられなくなった。だが、次の瞬間、海に白波が立ったと思うと津波の第二波が押し寄せてきた。あっと思った瞬間、それは渦もろとも親戚の乗った車を濁った水底へと引きずり込んだ。佐々は高台から呆然と一部始終を見下ろしていることしかできなかった。

集落から津波による水が引いたのは、十七時を回って陽が沈みかけた頃だった。長年暮らしてきた土地は見る影もなくなっていた。海に車もろとも消えた親戚への思いをふり払い、佐々は一緒にいた団員たちをつれて、集落に数カ所ある高台の避難所指定区域を回って住民の安否を確認することにした。

散乱する木やガラスを跨ぎながら、佐々たちは海から五百メートルほど離れた一本松公園を訪れた。ここにまで津波が到達したらしく、周辺には流されてきた瓦礫や潰《つぶ》れた車が散乱していた。公園内へ入ってみると、数人の避難者が集まって蒼ざめた顔で打ち震えている。顔を見回して無事だったんだと安堵したが、避難者の一人が佐々を呼んで言った。

「ここで一人亡くなっています」

年老いた女性の遺体がずぶ濡れになった姿で横たわっていた。逃げている最中に波に追いつかれてしまったのだろう。

避難者たちは佐々たち消防団のところにすがりつくように歩み寄ってきて、口々に訴えた。「うちの夫の行方がわからない」「母親が流されたらしい」「うちの父を見なかったか」。みんな行方のわからない肉親を見つけ出してくれと訴えてくる。海辺へもどって捜しに行こうとする者もいる。

佐々は消防団の仲間とはなし合い、行方不明者の捜索よりも生き残った者を安全な場所に誘導させるのを優先することにした。余震はつづいており、再び津波が来ないとも限らないし、陽が完全に落ちれば集落は闇に閉ざされて気温が零度近くまで下がることになる。年配の者たちには耐えられない。

「お気持ちはわかりますが、先に避難をすることにします。これから観音様（観世音神社）へ避難しますので、動ける人はついてきてください。そうでないお年寄りはこちらで誘導します」

高台にある観世音神社は大勢の人を収容でき、津波を避けられる数少ない場所だった。

佐々は避難者たちの誘導を開始したが、一本松公園にある老婆の遺体をそのままにしておくことが憚《はばか》られた。野犬が食い荒らすのではないか。佐々はないよりはマシだろうと考え、せめてもの配慮で流されていた毛布を遺体に被せ、手を合わせてから公園を去った。

夜になってようやく観世音神社への移動を終えた。佐々たち消防団員はひと息つく間もなく、ライトを手にして再び廃墟となった集落へもどり、瓦礫のなかに生存者がいないかどうか確かめることにした。道路が塞がっていて、自衛隊や警察の到着はいつになるのかわからない。気温が著しく低下していることを考えれば、夜のうちに自分たちの手で救助しなければならない。

佐々たちはライトで足元を照らしながら海辺へ向かって歩きだした。瓦礫に足を取られるのに気をつけながら、「誰かいないか!」と声をかけて回る。すべてが死に絶えたのか、集落には静寂が広がっている。

海辺に着くと、海は漆黒の闇に閉ざされており、低い波音が不気味に響いていた。足元に気をつけながら歩いていると、どこからか小さな声が聞こえてきた。空耳かと思って耳を澄ませてみると、女性のか細い声で「助けてください、助けてください」と言っている。海の方からだ。声のする方向をライトで照らしてみるが、真っ黒な海面がどこまでもつづいているだけで何も見えない。

「誰だ? どこにいるんだ?」と佐々は大きな声を出した。

すると海から再び声がした。

「大槌町の杉田直美といいます。流された屋根の上に乗っているんです。助けてください、お願いします」

声から察するに二十代ぐらいの若い女性らしい。きっと一度は津波に流されたものの、浮いていた屋根に這い上がって一命をとりとめたのだろう。今は、屋根ごと沖へと流されているのだ。声はかなり遠い。佐々は声をふり絞って言った。

「直美さん、あんたそこにいたら遠くへ流されっちまうぞ。泳いでこっちに来られるか！」

女性の声が聞こえてくる。

「泳げません……それに何も見えないのです。眼鏡も落としてしまいました。助けてください」

再びライトを向けてみるが、女性の姿はどこにも見えない。微弱なライトの光がいら立たしかった。

一緒にいた団員が見かねたように「僕が助けに行ってきます」と救出に向かおうとした。佐々は肩をつかんで引き止めた。海面には瓦礫やガラスの破片が大量に浮いていたし、冷え切った海水に飛び込めば、凍えて体が麻痺《まひ》してしまう。

「今行けば、おまえまで死ぬぞ。せっかく助かった命だ。大切にしろ。救助は明るくなってからにしよう」

団員は悔しそうに顔をそむけた。

佐々は海に漂流する女性に「がんばれ」と声をかけて励ますしかなかった。この夜は立っているだけで震えが止まらなくなるほどの寒さで、濡れた服装のまま海面を漂流して朝まで耐え抜くのは難しい。彼女自身もそれを察していたのだろう、諦《あきら》められないのか弱々しい声で訴えてくる。

「助けてください、助けてください」

佐々はもどかしさを感じながらも、「がんばれ」と言いつづけた。女性は潮に乗って沖へと流されているようだ。その声は少しずつ遠ざかっていき、やがて海を閉ざす闇の彼方《かなた》へ消えてしまった。

夜が明けて陽が昇ると、室浜には瓦礫が散乱する地平が広がっていた。昨日までは集落には小さな家屋が集まり、老人や子供がジャンパーに身をつつんで海辺を散歩する情景が当たり前のようにあった。だが今、家という家は倒壊して流され、人影はどこにも見当たらない。折れた電柱や鉄骨がわずかに残っているだけで、そこに引っかかったビニール袋が風になびいて音を立てている。

佐々は観世音神社で一晩を過ごすと、団員とともに昨日から何も食べていない避難者たちのために集落を歩き回って食糧が残っていないか探すことにした。だが、家屋は軒並み崩れ去り、冷蔵庫は流されて扉が開き、野菜や果物はことごとくヘドロを被ってしまっていた。佐々はつぶれた建物をのぞく度に、これでは被災して生き残っている人などいるはずもない、と確信を深めるばかりだった。

海辺に沿って歩いていると、瓦礫とともに一台の車が泥だらけになって転がっていた。窓ガラスが粉々になって割れており、ボンネットがへこんでいる。「あっ」と思った。そこから悲しいほど細い腕がだらりと下がっていたのだ。佐々は一目でそれが漁師の手ではなく、陸で過ごしてきた女のそれだろうと察した。近づいて行ってガラスの割れ目からのぞくと、案の定七十五歳ぐらいの年老いた女性がうつぶせになったまま倒れている姿があった。

「あ、彼女だったのか」

室浜に住んでいる顔見知りの女性だった。車で逃げようとしている途中で波に流されたのか。警察を呼ぼうとしてポケットから携帯電話を取り出したが「圏外」になっていた。とりあえず車のナンバーをメモして離れることにした。

佐々は沈鬱な気持ちで歩きながら、これ以上集落に犠牲者が出ていないことを切に祈った。小さな集落であればこそ、漁期にはお互い助け合い、冬の間はともに出稼ぎに出ることもある。決して豊かではない海辺の集落で、全員が親戚のように付き合うことで生き抜いてきたため、血はつながっていなくても、誰かが死ぬということは肉親を亡くすのと等しいのだ。

だが、そこから数百メートルと離れていない場所で、再びよく知る室浜の住人の遺体を発見することになった。荒れ果てた浜辺に、大きな屋根が剝がれ落ちており、その下に男性が一人、地面に顔をつけた格好で死んでいたのである。

佐々は生気のなくなった白い顔を見て、「おまえもか」とうめいた。だが、運び出してあげることもできず、今は毛布をかけておくことしかできない。

近いうちにかならず運びだしてやるから、がまんしてな。

心のなかで遺体にそう謝り、廃墟となった集落を歩きつづけた。

警報の鳴り響く中——坂本晃（消防団員）

一方、釜石市の中心部にあるマチも十メートルを超す津波に襲われていた。消防団でこの地域を管轄していたのは第一分団だった。

震災の直後、第一分団第三部の部長である坂本晃は、鵜住居町から釜石市街に向けて猛烈なスピードで車を走らせていた。熟練の職人といった風貌の五十六歳で、マチにある電気会社を経営していた。この日工事を終えて帰る最中、トンネル内で尋常でない揺れに襲われた。彼はトンネルの電気が消えたのに気づいて即座に津波の到来を確信し、消防団の屯所へと全速力で直行したのである。

屯所に到着すると、すでに六人ほどの団員たちが駆けつけて出動の準備をしていた。所々に設置された防災行政無線からは津波が迫っているという警報がくり返し鳴り響いている。坂本は団員たちをつれて消防ポンプ車に乗り込み、管轄地域を回りながら住民に避難を呼びかけることにした。海側にはエヌエスオカムラの工場など大きな建物がそびえて視界を妨げているため海が見えない。来たと思った瞬間には流されてしまうのだ。津波が到来する前に住人全員を安全な高台へと移さなければならない。

坂本たちは道を走り回り、消防ポンプ車のマイクをつかって必死に叫んだ。

「津波がくるぞ！　直ちに高台へ避難しろ！」

消防ポンプ車内の消防無線からは、津波の到来を告げる声が絶え間なく入ってくる。声が荒々しくなり、同じ言葉がくり返される。第一波が目と鼻の先の釜石湾までもう迫ってきているのだ。

坂本たちは必死になって叫んだ。

「急げ！　津波が来ている！　高台へ向かえ！」

住人たちの反応は様々だった。体一つで逃げだす者もいれば、家族を迎えにいくため逆に海の方向へ走っている者もいた。また、家から離れようとせずに軒先に留まっている者も少なくなかった。釜石ではたまたま二日前の三月九日十一時四十五分にも震度四の地震があり、そのときの津波はわずか二センチでしかなかったため、今回もその程度だろうとたかを括《くく》っている者も多かったのだ。

坂本たち消防団員はマチを一通り回った後、坂を上って大只越町の仙寿院に逃れた。日蓮宗《にちれんしゅう》のこの寺院は山の中腹にあり、避難所に指定されていた。

仙寿院の境内には大勢の住人たちが逃げて来ていた。お年寄りを支えている若者の姿もある。坂本が車を下りて状況を確認しようとしたとき、駐車場からマチを見下ろしていた人々が目を丸くして叫んだ。

「津波がきた！　でけえぞ！」

坂本は人々の輪に加わり、マチを見た。海沿いの電信柱や植木が内陸に向かって次々となぎ倒され、煙のような黒い水しぶきが上がる。

一瞬何が起きているのかわからなかった。だが、マチの大通りに突然鉄砲水のような濁流が押し寄せてきたと思うと、あっという間に家屋の二階部分にまで水が上がり、建物が次々と傾いて流されはじめた。商店は沈み、木造の民家は粉々に崩れていく。あちらこちらでガスや水道の管が破裂し、なかのものが噴き出すブシューという音がする。非常ベルがいたるところで鳴る。

路地には逃げ惑う人々の姿もあったが、黒い波は容赦なく襲いかかっていた。波が彼らの足元をすくったかと思うと、瓦礫や車がその上に覆いかぶさるように流されてきて水底へ沈めてしまう。

仙寿院にいた人々は目の前でくり広げられる惨状を口を開けて見下ろしていること しかできなかった。初めはマチを走っている人たちに「波がきているぞ。もっと早く逃げろ！」と叫んでいたが、無情にも何人もの人が流されていくのを目にしているうちに押し黙るようになってしまった。目を伏せたり、子供を抱きしめたりして見ようともしないのだ。坂本自身、途中から声すら出なくなった。

しばらくして、集まっていた人々の間から声が上がった。

「大変だ。燃えている！　車が燃えているぞ！」

漏れたガソリンに引火したのだろう、仙寿院の下まで流されてきた車から炎が上がっていた。このままでは大量の瓦礫に燃え移る。

坂本が見ると、そこにいたる道の一部から水が引いていた。今行くしかない。そう決心するや否や団員たちをかき集めて仙寿院の石段を下りた。幸い、火はそこまで大きくなっておらず、ホースをつかって間もなく消し止めることができた。

しかし、火災はこれだけでは終わらなかった。陽が沈んで真っ暗になると、消防無線で「火災が発生した！」という知らせが入ったのである。今度は大町にある青葉ビルから火の手が上がっており、それは瞬《また》く間に大きくなって周囲の建物に燃え移らんばかりになった。飲食店が密集する場所に近く、燃料やプロパンガスのボンベなども流されている。放置すれば大惨事につながる恐れがある。

坂本は再び団員たちをつれて、二百五十メートル先の青葉ビルへと急いだ。消防署本部は津波に襲われ、ポンプ車が流されたため、彼らが代わりにマチの消防を一手に担わなければならなかったのだ。だが、水源から火災現場までの距離は約七百メートル。坂本は団員たちに命じて町中からホース四十本をかき集めてつなぎ、鎮火に当たることになった。

青葉ビルの火災を消し止めたのは、夜が明けて東の空が白みはじめた時刻だった。ビルだけにとどまらず、三階建ての民家にも火がついて、消防活動は五時間にわたったのだ。全身が水と汗で濡れていた。

消火を終えた後、疲れ果てた坂本の目にメインストリートにつながる青葉通りが入った。早朝の薄明が、道の両側に並ぶ半壊したレストランやスナックを照らす。このあたりは、毎年十月の「釜石まつり」では歩行者天国となり、浴衣や法被を着た人々によって地域ごとの神楽が披露される華やかな思い出深い土地だ。道路の中央が緑地帯となっており、散歩をするお年寄りや、学校帰りの中高生たちがゆったりとした時間を過していたものだ。

だが、今この通りはヘドロをかぶり、家屋の残骸や折れた電信柱などが散乱するだけだ。知り合いが経営する店も多いが、一軒として無事に残っているものはない。ドアが剝れ、窓に建材が突き刺さり、壁が割れている。坂本は悪夢としか思えない風景のなかをホースを持ってとぼとぼと引き返した。

仙寿院に到着すると、本堂や駐車場では大勢の避難者たちがすわりこんだり、横になったりしていた。誰もが寒さに縮こまり、目を恐怖と不安で充血させている。坂本は疲れ果てて倒れるようにすわり込んだ。とにかく体を休めたかった。しかし、朝の八時になって、住民からある情報が寄せられた。

「ここからすぐ近くで、幼い子供が死んでいます。かわいそうなので、どうにかしていただけないでしょうか」

本来は警察を呼ばなくてはならないが署は被災して連絡がつかない。坂本は同じく第一分団の消防団員である息子を連れて、現場へ行ってみることにした。

仙寿院の石段を下りて瓦礫を跨ぎながら進んでいくと、道路の脇に人間らしきものが横たわっているのが見えた。二歳ぐらいの女の子だった。濡れた服が肌にはりつき、体中に大量の砂が付着している。海水を飲んだのだろう、幼い顔が苦悶するように歪《ゆが》んでいた。

「こんな幼い子だったのか……」

小さな顔や手からは血の気が完全に失われていた。わずか二歳の女の子が一晩中ひとりぼっちで瓦礫にうずもれたままでいたことが哀れでならなかった。寂しかったろうに。

坂本はしばらく遺体を見つめてから言った。

「遺体をここに置いたままにしておくわけにいかない。いったん仙寿院に運ぼう」

坂本は瓦礫のなかから角材を拾い出し、近所の人からもらった毛布をそれに巻きつけ、担架をつくった。女の子の遺体をそこに乗せて運ぶことにしたのである。軽過ぎる遺体を持ち上げたとき、潮と泥の臭いが鼻をついた。急に昨年生まれたばかりの孫のことが思い出され、涙がこみ上げてきた。

なぜこんな幼い子が人生の喜びを知ることのないまま泥を被って苦しみながら死ななければならないのか。

坂本は涙をぬぐいもせず担架を持って歩きつづけた。気がつくと、息子の頬にも透き通った涙がつたっている。彼もこの子と生まれたばかりの自分の子供の姿とを重ね合わせたのかもしれない。朝の冷たい風が吹きつけるなかで、坂本親子は嗚咽《おえつ》しながら女の子の遺体を運んでいった。

✣✣✣

顔なじみを運ぶ――松岡公浩（釜石市職員）

坂本が路上で見つけた幼い遺体が旧二中の体育館に運ばれたのは、三月十六日の朝のことだった。運んだのは、遺体搬送班の松岡公浩。彫りの深い顔の、市の生涯学習スポーツ課に属する男だ。

その日は綿のような雪が降っていた。松岡は十三日に課長から遺体搬送班への転任を命じられて以来、毎日朝からトラックに乗ってマチで見つかった遺体を安置所へと運ぶ作業をつづけていた。この頃には少しずつではあるが指示系統が整いだし、要領もつかみつつあった。

坂本が見つけた女の子の遺体は、旧一中（旧釜石第一中学校＝廃校）の校舎にあった。発見が十二日の早朝だったため、まだ仮置場や旧二中の存在が知れ渡っておらず、それで女の子の遺体は一度仙寿院に運ばれた後に、役所の正面にある旧一中に移されていたのだ。

だが、旧一中の体育館は避難所になっていて、多くの家を失った人たちが身を寄せていた。被災者の心境を考えれば、隣の校舎を安置所にするわけにはいかない。そこで松岡たち遺体搬送班が依頼を受け、旧一中にあった合計七体の遺体を旧二中の体育館へと運ぶことになり、そのうちの一体が先述の幼い女の子だったのだ。

松岡たちは校舎にあった遺体を一体ずつ担架に乗せ、入り口に止めたトラックの荷台へと移していった。だが、女の子の遺体のときだけは担架をつかわなかった。抱き上げたところあまりにも軽かったため、そのまま手でかかえて運んでいくことにしたのだ。荷台に置くと、瞬く間に小さな体に白い雪がつもった。松岡や同僚は寒くないようにと、きちんと毛布でつつみ直した。

「これから旧二中へ行くよ。ちょっとの間だから辛抱してな」

遺体は何も答えない。松岡たちはできるだけ雪にさらさないようにすぐに出発した。

松岡たちは旧一中の仕事に一区切りつけると、再び大渡町にある仮置場へ行き、いつも通りの業務をはじめた。そこには、旧一中に行っている間に見つかって運ばれてきた遺体がシートの上に所狭しと並べられていた。この頃、自衛隊や警察官、そして消防隊などの捜索体制が整ったことで、発見数が増加したのだ。次から次に見つかるため、朝八時から暗くなる十九時まで休みなく働いても間に合わないほどだった。

仮置場に並べられた遺体は毛布やビニールシートでくるまれ、発見現場の状況を記録したメモがビニールテープなどで貼りつけられていた。たとえば〈大渡＊＊〉などと番号がふられ、発見場所、推定年齢、性別、所持品などが記されているのである。松岡は担架に乗せる前にそれに目を通して知り合いがいれば名前や勤め先をつたえるようにしていた。身元確認に役立ってくれれば、という一心だった。

実際、親交のあった人が犠牲になっていることも少なくなかった。よく相談に乗ってくれた自治体の先輩職員、職場に弁当を届けてくれる精肉業者、数年前に税務課に所属していたときによく相談にきた料理店の経営者……多くの顔なじみが変わり果てたむごたらしい姿で横たわっていた。

遺体搬送を開始した十三日からしてそうだった。松岡が仮置場に集められた遺体についているメモを一つずつ見ていると、ある文字が目に飛び込んできた。

〈片足の悪い人。畜産会社の人？〉

背筋が凍りついた。畜産会社で働く片足の不自由な男性といえば、このあたりでは松岡の知っている男性しかいない。恐る恐る布をめくってみると、砂を被って横たわっていたのはやはり知り合いの人物だった。

松岡はその場にいた市の職員に言った。

「これ、俺の知っている佐々木さんだよ」

「本当ですか」

「ああ、すぐそこの会社で働いていた。間違いない」

市の職員はうなずいてその情報をメモの余白に書き足していった。

初日から否応《いやおう》なしに、多くの知り合いの死に顔と対面したが、松岡には一々悲嘆に暮れている余裕がなかった。休む間もなく多くの遺体を運ばなくてはならなかったためだ。

この頃大渡町とは別に、一キロほど離れた浜町にある市営ビル（市営釜石ビル）の前にも仮置場がつくられて遺体が集められていた。今はそこにいたるメインストリートに三、四メートルもの瓦礫がつみ重なっているせいで搬送作業が止まっていたが、道が開通すれば、その分の仕事が一気に膨れ上がることになる。それまでに大渡町での作業に区切りをつけなければならない。

松岡たちはトイレ休憩さえとらずに働いていたが、住民の間で少しずつ不平がくすぶるようにもなっていた。特に市営ビルの前の仮置場に遺体を置きっぱなしにしているのはなぜかという声が多かった。

「市営ビルの前に、俺の子供が何日間も放っておかれたままになっている。今すぐ安置所へ運んでやってくれ！ 役所は俺の子供をこのまま腐るまで置きっぱなしにするつもりか」

家族にすれば、肉親の遺体が放置されていることに憤慨するのは当然だろう。松岡としても一刻も早く運んであげたいのは山々だったが、数が多すぎるのだ。人手が足りない上に、道が塞がっているせいで、どうにもできなかった。

このように住民や遺族から怒りをぶつけられたことは一度や二度ではなかったが、なかでも松岡がどうしても忘れられない一件があった。ある日、大渡町の仮置場へ赴くと、三十代の女性が小さな娘の遺体の前で声を張り上げて泣きじゃくっていた。松岡はその女性と面識があり、名前も知っていた。メインストリートから一歩裏に入った路地にある飲み屋街「呑《の》ん兵衛《べえ》横丁」でスナックを経営している葉子ママだったのだ。

かつてこの路地はマチの男たちで昼夜問わず賑わっていたものだが、最近は漁師も減り、工場も人員削減が行われていたため、年をとったママが店をたたむことも多かった。そのなかで、葉子ママのスナックは地元の男たちに支えられてまずまず繁盛《はんじょう》していた。

話によれば、この葉子ママは小学六年生の一人娘と買い物をしていたときに津波に襲われたという。真っ黒い濁流が押し寄せてきたとき彼女は物につかまってかろうじて助かったものの、娘は一瞬遅れて波にさらわれてしまった。目の前で娘が瓦礫とともに流されていく。葉子ママは向かいの市民文化会館の上階に市の職員たちが避難しているのに気がついて叫んだ。

「うちの娘を助けて！　早くして。娘が流されて死んじゃう！」

だが、職員たちは誰一人として津波の流れる道路に飛び込むことはできなかった。濁流の勢いがあまりに強く、近づくことができなかったのである。その間に、娘は波に呑まれて視界から消えてしまった——。

葉子ママは助かったものの、後日娘の遺体が発見された。彼女は、市の職員に見捨てられたことで娘は死んだのだという悲憤を抱いたまま、仮置場に横たえられた娘の遺体に寄り添っていた。そのとき、たまたま松岡がマスクをつけた市のジャンパー姿で現れたのである。彼女は気が動転するあまり、松岡のことを娘を見殺しにした市の職員だと勘違いし、烈火のごとく怒りだした。

「この人でなし！　うちの娘を見捨てやがって。どうして助けてくれなかったんだ！」

松岡にとってみたら何のことか意味もわからない。だが、彼女はつかみかかって怒鳴り散らす。

「なぜ見殺しにした！」

周囲にいた同僚たちが間に入って止めた。彼女は彼らをふり払ってなおも口汚く罵《ののし》る。同僚たちは両手で押さえて、「この人は別の人だから」とか「落ち着いてくださいい」となだめた。彼女は途中で力つきたかのように怒鳴るのを止《や》めると、子供みたいに声を上げて泣きはじめた。あまりにもとり乱し自分でも何をどうしたいのかわからなくなっていたにちがいない。

松岡はマスクもヘルメットも取らなかった。以前店へは何度か行ったことがあったため、葉子ママは自分の顔を憶えているはずだ。マスクとヘルメットを外して「僕です。人違いです」と言えばわかってくれるだろう。だが、彼女の気持ちを考えると、悲しみに恥を上塗りさせるようなことはできない。松岡にも中学二年の娘がおり、娘を失った親の思いが痛いほどわかったのだ。

同僚の一人が彼女の肩をさすって、「娘さんを安置所へつれていこうな」と声をかけた。彼女は首を横にふって答えた。

「いや、娘とここにいる！　娘から離れない！」

引き裂かれて離れ離れにされると思ったのだろう。職員はなぐさめるように言葉を加えた。

「お母さんも一緒に来なよ。お医者さんも警察の人もいるから安心だ」

「安置所へなんて、娘を行かせたくない！」

「安置所には屋根がある。こんな寒い道端に置きっぱなしにしないで、娘さんを屋根のあるところにつれていってあげようよ」

彼女はそれを聞くと、ついに観念したように再びむせびはじめた。娘にすがりつき、その顔についた砂をハンカチで何度も拭《ふ》き取ろうとする。安置所に行く前にせめて少しでもきれいにしてあげたかったのだろう。

松岡はマスクとヘルメットをつけたまま、黙ってトラックの運転席に乗り込んだ。後ろの荷台に遺体が乗せられると同時に、葉子ママのすすり泣く声が聞こえてくる。キーを回すと、古い車体がエンジンの振動で揺れだした。松岡は女の子の遺体ができるだけ傷まぬよう、ゆっくりとアクセルを踏んで旧二中へと出発した。

発生後七十二時間以内――橋口鉄太郎（陸上自衛隊）

震災発生直後、マチに残っていた住民たちが取り乱す姿はいたるところで見受けられた。ある者は市の職員の対応に不満を募らせて怒り狂い、ある者は発見された家族の遺体を前にして泣き叫び、ある者は捜索が進まないことにいら立って警察を怒鳴りつけた。みな想像もしなかったような惨状を前にして誰彼なしにやり場のない感情をぶつけずにはいられなかったのだろう。

こうした家族の混乱する様を間近で見てきたのは、自衛隊員も同じだった。釜石のマチで遺体捜索を行っていたのは、秋田第二十一普通科連隊の陸上自衛隊員たちだ。その指揮官の一人が、重迫撃砲中隊の橋口鉄太郎。二十六歳、防衛大学校を卒業し、若くして部下数十名を束ねるスポーツ刈りで童顔の小隊長だ。

三月十一日、鉄太郎は陸上自衛隊秋田駐屯地で車両の整備をしている最中に大地震に襲われた。即座に災害派遣の命令が下されることを察し、基地の内外にいる部下に集合をかけた。通常震度五弱以上であれば、災害派遣の指令が出ることになっていたのだが、それよりはるかに大きな揺れであることは明らかだった。

停電した薄暗い基地に射し込むわずかな太陽光を頼りに、鉄太郎は集まってきた隊員たちと手分けして天幕（テント）、発電機、食糧、無線機、水トレーラーなど人命救助の道具を派遣に備えて車両につみこんでいった。休みで外に出ていた隊員のなかには渋滞に巻き込まれたため乗っていた車を妻に預け、何キロも走って駆けつけた者もいた。

本部からの指令で秋田駐屯地を出発したのは、同日の二十一時二十分だった。中隊(派遣要員は約八十名)ごと二十分おきに基地を出て、街灯の消えた真っ暗な国道を一路岩手県へと向う。途中の山道で遭遇するのは、被災地にある実家の安否を確かめに行く人々の車ばかりだった。

鉄太郎の中隊が釜石市内の甲子中学校に到着したのは翌朝六時。空にかかる雲が朝陽によって透き通りはじめた時刻だった。事前の取り決めでは釜石の中心地から三・五キロ南に離れた平田に行くことになっていたが、道中に本部から「平田は壊滅した模様」との報が届いたため、内陸七キロの甲子中に拠点を移したのである。鉄太郎はまず三名を偵察隊としてマチに派遣し、その間に校庭に宿営用の天幕を張ったり、必要な荷物を下ろしたりしていた。校舎には生徒や帰宅できなくなった大人たちが避難しており、窓から不安そうな顔で見つめている。生存者への給水や炊き出しなどのためにも相当の要員を割かねばならないだろうと思った。

十時になり、鉄太郎は生存者対応や後方支援のため二十人ほどの部下を甲子中に残し、約六十名をつれて被災地へ向かった。先陣を切った偵察隊からは、海沿いの商店街や住宅街は広範囲にわたって破壊されているという報告を受けていた。そこで鉄太郎は釜石駅前に車両を止めると、中隊を三十名ずつの二個小隊に分け、それぞれの担当地域を決めて徒歩で被災地に入ることにした。

三陸鉄道南リアス線のガード下をくぐって大渡橋を過ぎると、太陽に照らされた沿岸のマチが一望できる。津波が残した圧倒的な爪痕《つめあと》を前にして、鉄太郎たちの足はすくみ、膝が笑うように震えだした。あらゆる建物が破壊され、車やバイクが紙クズのようにつぶれ、砕けたコンクリートが鉄筋を突き出して転がっているのだ。瓦礫にはヘドロが空からぶちまけられたように被さり、太陽に黒く反射している。まるで世界が終わってしまったみたいだ、と思った。

鉄太郎はごくりとのどを鳴らし、気持ちを奮い立たせて瓦礫をよじ登り、捜索を開始した。人命救助で重要なのは、発生後七十二時間以内にどれだけの人を見つけるかである。単純計算してあとわずか五十三時間しか残されていない。

上空で飛び交う自衛隊のヘリコプターの音が、心なしかいつもより物々しく聞える。隊員たちはかろうじて形をとどめている商店や民家を見つけては、室内に押し込まれた瓦礫をどかし、人影がないかどうか探した。

「誰かいませんか！　いたら返事をしてください！」

耳を澄ませるが、廃墟の奥から声は聞こえてこない。天井に引っかかった洋服やシーツが風で揺れ、曲がった柱が今にも折れそうな音を立てている。

鉄太郎はわずかな望みに賭《か》け、部下とともに瓦礫を引っくり返したり、這いつくばって車の下をのぞいたりして生存者を見つけ出そうとした。気を緩めた途端に、足元につみかさなるコンクリートの山が崩れ落ちそうになったこともあった。隊員のなかには興奮して命令を聞かずに、どんどん奥へ進んで一人で生存者を探そうとする者もいた。突然惨劇に放り込まれて躁《そう》状態に陥り、自分が見つけ出すのだという強烈な使命感に駆られて冷静さを失っているのだ。止めようとしてもヘリコプターの音で聞こえないのか、無視しているのか、ふり返ろうともしない。

捜索で最初に見つけ出したのは、生存者ではなく、冷たい遺体だった。それは大渡町にある「及新書店」の建物にたどり着いたときのことだ。書店の一階部分は完全に破壊されて本が外に流れ出しており、店内には大量の瓦礫が突き刺さるように入り込んでいる。鉄太郎たちが倒れた棚や机をどかしながら奥へ進んでいくと、一台のつぶれた乗用車が波に流されて店内にのけぞるように突っ込んでいた。人の気配を感じて窓から車内をのぞくと、七十歳ぐらいの老夫婦が横たわっているのが見えた。

「人がいる！　被災者を発見！」

近くにいた隊員たちが集まってくる。車を叩《たた》いて声をかけたが、老夫婦はぐったりと倒れたまま微動だにしない。死んでいるのだろうか。

鉄太郎たちは力をこめてドアを引っぱったが、車体がねじ曲がってしまっているせいで開かなかった。仕方なく、ひびの入った窓ガラスをブーツの底で蹴《け》りつけると粉々に砕けた。手袋をはめた手で枠に残るガラスを取り除き、そこから老夫婦を引き出すことにした。

老人の脇腹をつかむと、凍った生肉のような冷たさがつたわってきた。すでに絶命しているのだろう。何人かで力を合わせて持ち上げようとしたが、老夫婦はすわったままの姿勢で硬直しており、ハンドルや窓の枠に引っかかって外に出すことができない。

「角度を変えて引っ張れ。無理矢理やると、体が傷つくぞ」

隊員たちは数人がかりで抱え、少しずつ角度を変えることで、老夫婦を一人ずつ引き出した。地面に横たえて改めて見てみたが、二人とも息をしておらず、前を睨《にら》んで引きつった顔をしたまま死んでいる。

鉄太郎は悔しさに満ちた声で言った。

「この夫婦を仮置場まで運ぼう。それが終了次第、直ちに捜索を再開する」

朝、捜索をはじめる前に市の職員と打ち合わせをした際、大渡町の空き地が仮置場になっていることを教えられていた。鉄太郎は無線機で遺体発見の報告をすると、カーキー色の毛布に夫婦の遺体をくるみ担架に乗せて運ぶように指示した。隊員たちはうなずいて険しい表情を崩さずに命令に従った。

この日、鉄太郎の中隊が見つけたのは、怪我をして瓦礫に埋もれていた老婆一名以外、すべて死亡者だった。つぶれた車の座席、倒壊した家の下、ヘドロを被った路上、あらゆるところで泥にまみれて冷たくなっている。鉄太郎は発見の度に無線で報告し、毛布にくるんで仮置場まで運んでいく。五体、六体、七体と見つけていったが、どれも廃墟と化した風景に妙に溶け込んでおり、人が死んでいるのが当たり前のようにしか思えなかった。

翌十三日は、日の出とともに起きて準備を整えると、八時から前日と同じように部隊を大きく二つに分けて、大渡町の一部と大町にかけての捜索を開始した。電気が止まった被災地では、十七時を過ぎると宵闇に閉ざされて動き回ることができない。可能な限り早い時間から捜索を行う必要があった。

二日目にあたるこの日は、朝から避難者たちが険しい面持ちで妻や子供たちを伴ってぞろぞろと被災地にもどってくる様子が見られた。通行止めになっている国道を避け、山側から回って被災した家や店の状況を確かめに来るのである。彼らは瓦礫の山に手をついて這いつくばって乗り越え、ようやく自宅のあった場所にたどりつく。そこで目にするのは、壁が崩れ、つぶれた自宅の上に車や電柱などが折り重なっている様だ。最初は呆然自失とするが、やがて憑《つ》かれたように瓦礫をどかして行方不明の家族を捜そうとしたり、思い出の品を見つけ出そうとしたりする。

被災地に住民が帰ってきたことによって、鉄太郎たちの捜索活動にも変化が訪れた。建物の内部に転がっている家族や見知らぬ者の遺体を見つけ、近くで捜索をしている自衛隊員を呼びにくるようになったのである。また肉親が自宅で被災したことを把握しており、倒壊した家の下に遺体があるのは確実だから見つけ出してほしいと頼んでくる者もいた。

この日最初に鉄太郎が発見した男性もそうだった。大渡町の建物を捜索していたら中年女性が男性二人をつれてやってきた。

「夫と二人の従業員が見つからないんです。うちは鍵《かぎ》屋を経営していて、津波があったとき彼らは店内にいたはずです。まだ残っていると思いますから、すぐに助け出していただけませんか」

店が崩れかかっており、自分たちだけでは入って救助に行けないのだという。鉄太郎は作業を中断して部下をつれてすぐに向かった。

商店街の一角に鍵屋は流されずに残っていたが、壁の一部が壊れていた。大量の木材が流れ込んできており、つぶれた車が二台店内で引っくり返っている。外から女性が呼びかけてみるが、返事は聞こえない。鉄太郎は隊員とともに車をどかし、チェーンソーで瓦礫を崩しながら内部へと入っていった。

店内は棚が倒れ、ヘドロで汚れた書類やビニールが散らばっていた。鉄太郎は天井が崩れてこないか注意を払いながら奥へと進んだ。まず見つけたのは、トイレの床に倒れている四十代の男性だった。高台に逃げずに店内にとどまっていたところを津波に襲われたにちがいない。しばらくすると、今度は奥の瓦礫の下で同じぐらいの年齢の男性が泥だらけになって転がっているのを発見した。

「ダメだ、二人とも死んでいる。毛布にくるんでから表に出そう」

鉄太郎は遺体の顔についた砂を簡単にふきとってあげてから、毛布にくるんで外へと運び出した。女性が駆け寄って顔を確かめると、夫に間違いないようだった。素手で顔をつかみ、涙声で「あなた、なんで店に残ったのよ！」と呼ぶ。だが、遺体はダラリと手足を垂れたままだ。隊員たちは仮置場に運ぶための担架を握りしめ、それを見守ることしかできなかった。

このように鉄太郎たちは被災者の通報によってマチのいたるところで遺体を掘り起こすことになった。被災者に呼ばれて瓦礫を掘り起していると、別の被災者がやってきて「うちのなかにも遺体があるから来てくれ」と言われ、人員を割いているうちに人手が足りなくなる。最初は隊員がそれぞれザックに入れていたカーキー色の毛布で遺体をつつんでいたのだが、すぐにそれも底を尽き、倒壊した家屋からシーツやビニールシートを引っぱり出して代用しなければならなくなった。

こうした作業をしている最中にも、大きな余震が起きて建物や瓦礫が今にも崩れそうな音を立てて揺れた。あわてて建物の外へと出る。ほっとしたのも束《つか》の間《ま》、今度は津波警報が発令される。サイレンの音が鳴り響き、警察官がパトカーのスピーカーで避難を呼びかける。

「津波警報が発令されました。海岸付近にいる方は、ただちに近くの高台か避難場所へ避難してください！」

鉄太郎たちは警報を聞く度に作業を中断して、周囲の人々の避難誘導をしながら、近くの高台にある仙寿院まで逃げなければならなかった。チェーンソーなど重い鉄の機械を抱えたまま不安定な瓦礫の上を這いつくばるようにして走るのだ。

被災地にいた住人たちも最初は逃げていたが、一日に何度もあるために途中から津波警報を信じなくなった。津波といっても実際には数センチ程の波が一回来ただけだったのだ。そのため彼らはサイレンが鳴り、自衛隊員に避難を勧められても応じず、黙々と瓦礫をどかして肉親を探すことに没頭していた。だが、鉄太郎は公務員という立場上警報を無視するわけにいかず、一々目の前の遺体を放って全速力で避難しなければならない。そのくり返しが、心身を疲弊させていく。

陽が落ちると、自衛隊員たちは作業を終え、拠点となっている甲子中にもどった。校庭には数人が寝泊まりできる天幕がいくつも立てられており、そこで配られた食事を食料難で困っている地元の人に見られないように隠れて胃に流しこむ。地元住人に分けてあげたいのは山々なのだが、それをすると、翌日の作業で体力がもたなくなってしまうのだ。食べ終わると、汗臭い体のまま倒れ込むように毛布にくるまって眠る。隊員のなかにはうまく寝つけぬ者もおり、夜遅くまで寝返りをうったり、校庭を歩き回ったりしている。

鉄太郎はそうしたことに気がつき、疲れた体に鞭《むち》を打って個々の天幕を訪れ、隊員たち一人一人に声をかけ、隅に呼んで胸にしまいこんだ鬱憤を吐き出させた。これだけの惨劇を目の当たりにしたことで、部下たちが精神的に不安定になっているのはある意味当然だ。小隊長としてそれを少しでも軽減させなければならなかった。

三日目、鉄太郎たちは再びガード下をくぐって大渡町から被災地に入り、捜索を開始した。これまでと同じように重機をつかって道を切り開いていく一方で、被災者たちの依頼を受けて瓦礫の下から遺体を探していく。だが、この日は津波警報ばかりでなく、放射能警報が発令され、屋内退避が命じられた。福島第一原子力発電所で一号機につづいて三号機までも建屋が爆発し、放射能が釜石の被災地にまで届くという情報が入ったのである。一日に何度も放射能だの津波だのといわれて逃げ回らなければならない。

被災地の最前線にいた鉄太郎たちは、警報に惑わされて時間を浪費させられることがやり切れなかった。人命救助の目安となる七十二時間が目の前に迫っている状況では、雨によって多少の放射能を浴びることを恐れるより、倒壊した建物の下からなんとか一名でも多く人を助け出したい。

この日、陽が傾いて作業終了時刻が差し迫ったとき、鉄太郎のもとにガソリンスタンドの従業員から一つの依頼が寄せられた。只越町にあるコスモ石油のガソリンスタンドの上に瓦礫がつみ重なっており、そこから人間の体の一部が突き出しているというのである。生きているか死んでいるかわからないが、行方不明中の同僚である可能性が高いので引き出してほしい、ということだった。

ガソリンスタンドに駆けつけてみると、家の破片や車がまるでゴミの山のように四メートル以上も折り重なっていた。引き波によって流された大量の瓦礫が空いていた場所に次々と入り込んでたまったのだ。破片と破片の間から、泥だらけの人間の手足が人形の一部のように突き出している。まるで巨大なゴミの怪物だ。

コスモ石油の従業員は指さして言った。

「少なくとも二体は見えています。放っておけないので、すぐに助け出していただけないでしょうか」

夕闇が迫っており、腕時計の針は十八時を示していた。あと十五分もすれば真っ暗になり、ライトなしでは何も見えなくなる。従業員は今にも泣きそうな顔をしている。鉄太郎は、できるところまでやろう、と決めた。

隊員たちは鉄太郎の指示を受け、チェーンソーを抱えて瓦礫の上によじ登り、高いところから順番にそれらをどかしていった。闇は刻々と深くなっていき、すぐに周囲にいる隊員たちが手持ちのライトで照らさねばならなくなる。一つ間違えれば大量の瓦礫が足元から崩れ、大事故につながる恐れがあることから、鉄太郎は様子を見ながら急がずに慎重を期すように何度も注意を促した。だが、あたりがどんどん暗さを増すにつれ、隊員たちの焦燥感は募り作業も荒っぽくなっていく。

三十分ほどしてまず一体目の男性の遺体が引き出された。泥だらけで相当傷ついていた。つづいて間もなく、二体目も発見された。さらに作業をつづけていくと、今度は瓦礫の下に三体目の遺体が埋もれているのが見えた。高揚していた隊員たちはさらに掘り進めようとした。

だが、あたりは完全に闇に閉ざされており、物陰になっていたためろくに月の明かりさえ届いていない。改めて時計を見てみると、すでに時刻は十九時を回っている。ここで無理をするのは危険だ。鉄太郎はそう判断し、目と鼻の先に遺体があることがわかっていても、あえて中止の命令を下した。

「今日はここまでにする。残りは明日やろう」

隊員たちが困惑したように言った。

「どうしてここで終了にするんですか。もう少しで三体目の遺体を引き出せるんですよ！」

別の隊員もそれに同調する。

「そうですよ。あとちょっとです。やらないんですか」

隊員たちはみな、目の前に遺体があるのに放置するのかと言いたげな眼差《まなざ》しだった。

コスモ石油の従業員も事態を飲み込めず当惑した表情をしている。

鉄太郎は言い張った。

「この暗闇で作業をつづけるのは危険だ。今日は終わりにしてくれ」

隊員たちはあからさまな反対意見こそ口に出さなかったが、不貞腐《ふてくさ》れたような態度で片付けはじめた。年配の隊員ともなると、エリートコースを進む若い小隊長を軽《けい》蔑《べつ》したかもしれない。

鉄太郎は、隊員たちの納得がいかない気持ちも、コスモ石油の従業員から反感を買うこともわかっていた。だが、たとえ不服を唱えられたとしても作業の終了を命じなければならなかった。おそらく捜索活動は数日で終わることはない。物資も人材も足りないなかで何週間、いや何カ月もつづくだろう。無理をせずに引くところで引いておかないと、体力的にも精神的にももたなくなる。

わかってくれ。捜索をつづけるためには仕方ないんだ。

その気持ちが隊員たちに届いたかどうかはわからない。だが、若くとも小隊長として部下の命を預かっている身としては、部下たちの身の安全を優先させるのが先決だった。

そこにあったはずの町――磯田照美（釜石消防署）

釜石市の被災地では他にも、遺体捜索を行っていた者たちがいる。消防署の隊員たちである。

震災が起きた日の深夜、釜石消防署に勤める磯田照美は消防車のサイレンを鳴らし、国道四五号線を突き進んで鵜住居町を目指していた。真っ暗な道路に赤色灯の赤い光が輝き、サイレンの音がけたたましく響き渡る。五十四歳、白髪まじりの短髪で普段は気のよさそうな顔をしているが、この日ばかりは表情をこわばらせ、ヘッドライトの照らす先を睨みつけていた。

磯田が夜中になって鵜住居町へ向かったのは、本署からの指示によるものだった。津波が起きた後、鵜住居町にあった出張所からの音信が途絶えていた。出張所は海岸から一・五キロの場所にあり、津波で流されている可能性がある。そうなれば、鵜住居町の救助活動はずっと停止したままということだ。当初磯田は釜石の中心部の救助に当たっていたが、取り残されているかもしれない被災者の救命のために急遽夜になって鵜住居町への出動を要請されたのである。

深夜一時過ぎ、磯田の乗っていた消防車は緑が生い茂る恋の峠に差しかかった。ここを下れば鵜住居町が眼下に広がるはずだ。森に囲まれた道路を行くと、ヘッドライトの先に五十人ほどの人たちが身を寄せ合うように集まっているのが見えた。なぜ真夜中の山道にこんなに大勢の人がいるのだろうか。彼らは赤色灯に気がつくと、助けを求めるように一斉に駆け寄ってきた。

磯田たちが車を降りて事情を聞いてみると、みな鵜住居町からの避難者なのだという。一人が次のように語った。

「鵜住居は津波に襲われて、町ごと海に沈んでしまいました。家も車も何もかも流され、どれだけの人が犠牲になったかわからないほどです。私たちは引き返すこともできずにここで孤立していたのです」

鵜住居町は釜石市のなかでは中規模の町で、海沿いの二・五キロ四方に商店や民家が密集し、約六千六百人が暮らしていた。小中学校から特別支援学校まである。そこが町ごと沈没したと言われてもにわかに信じることはできない。

「もどれないというのは道に水が残っているということですか」

「そうじゃないんです。実際に町全体が沈んでしまっているんです」

隊員たちはどう答えていいかわからずに顔を見合わせて戸惑った。本当にそんなことが起こりえるのだろうか。避難者たちは口々にまだ家に残っている人がいるかもしれないなどと言う。磯田たちはいずれにせよ鵜住居町が甚大な被害を被っていることは間違いないと判断し、現場を確認しに行くことにした。

峠を下りていくと、薬局チェーン店「薬王堂」の青と橙色《だいだいいろ》の看板が見えてきた。ここが町の入り口だ。車を止めてヘッドライトが照らす光景を目にして、磯田たちは言葉を失った。住人に言われた通り町は真っ黒い海水にすっぽりと呑み込まれており、ところどころに建物の屋根や傾いた電信柱の影が突き出しているだけなのだ。あるはずの町が、ない。

隊員の一人が震える声で叫んだ。

「おーい、誰かいるか！」

この寒さで取り残されていれば、生存者は凍死してしまう。声が返ってくればすぐにでも駆けつけるつもりだった。

「消防隊が救助にきたぞ。いたら声を出してくれ！」

呼びかける声は闇の彼方へとむなしく吸い込まれる。

磯田たちは足を踏み入れられるところだけでも捜索をするべきかどうか相談したが、水面はヘドロや瓦礫に完全に覆われ、ガラスや釘が散乱し、一度落ちれば這い上がって来られなくなる。磯田たちは歯がみしながらその場から引き返し、峠の上で凍えている避難民たちの救助を優先することにした。

彼らが鵜住居町に救助に入ることができるようになったのは、水が引いた三月十五日だった。前日から少しずつ冠水が収まりはじめたが、釜石消防署では市内各地で救助活動や火災の対応に当たっていたため、鵜住居町の人命救助に十分な人員を充《あ》てることができなかった。そこで大阪から派遣された緊急援助隊が到着するのを待ち、十五日から合同捜索を行うことになったのである。

陽が昇ったのと同時に、磯田たちは大阪隊と合流して打ち合わせを済ませると、消防車に分乗して九時三十分鵜住居町に到着した。五名ずつの小隊に分かれ、大阪隊が三隊、釜石隊が一隊の計四隊で捜索を開始した。

太陽の光に照らされた鵜住居町は、どこまでも瓦礫がつみ重なる廃墟でしかなかった。津波の直後に火災があったのだろう、ところどころ残った建物の鉄筋が真っ黒に焦《こ》げており、炭の臭いを漂わせている。遮るものがないままに、尋常ではない強風が吹き荒れ、灰や砂が投げつけられるようにバチバチと音を立てて体にぶつかり、目に飛び込んでくる。

変わり果てた町並みを前にして、言葉が出てこない。このあたりでは毎年夏になると、「釜石はまゆりトライアスロン国際大会」が開かれたものだ。年に一度の行事で、県の内外から大勢の参加者が集まり、華やかな出店などがいくつもつらなる。住民たちも外の人を受け入れるのに寛容で、親切な人が多かった。その町が一瞬で消え去ってしまったなんて。

まず、磯田たちは隊ごとの担当捜索区域を決め、それぞれが一日かけてそこを虱潰《しらみつぶ》しに調べていくことにした。隊員たちは横一列になって並んで歩き、かろうじて崩壊を免れた建物、高くつみ上がった瓦礫、つぶれて横転している車などを重点的に見ていく。そういう場所に人間が取り残されていることが多いためだ。

磯田たちが手にしていた道具は、先に金属がついている消防用の棒「鳶口《とびぐち》」だけだった。これをテコにして重い瓦礫を持ち上げたり、車を引っくり返したりする。最初は歩きながら「生存者はいないか！」と声をかけていたが、反応はどこからもなく、署員たちも一人また一人と黙りこくるようになった。

空き地には、先に入った警察や住民が見つけた遺体が、布を被せられて横たえられていることがあった。濡れた布はぴったりと貼りつき、人の形に膨らんでいる。大人とおぼしき大きなものもあれば、幼い子供と思しき、目を逸《そ》らしたくなるほど小さなものもある。

磯田はそれらを横目で見ながら、二人の息子のことを思った。地震があったとき、長男はここ鵜住居の薬局で働いており、次男は被災地の一つである吉里吉里《きりきり》にいたはずだったが、未だに二人とは連絡がとれておらず、安否がわかっていない。なんとか生きていてほしいし、探し出してあげたい。だが磯田はそのことはおくびにも出さず、鳶口でもって次々と瓦礫をどかしていった。

この日は朝から住民たちが行方不明の肉親を捜す姿があったが昼が近づくにつれて増えていった。水が引くのを待ちわびていたのだろう。運動靴のまま膝までヘドロで汚し、素手で瓦礫をどかしたり、倒れた車を起こしたりして、そこに肉親の遺体が転がっていないか確かめている。彼らは磯田たち消防署員を見掛けると、近づいてきてこう訴えた。

「ここに俺ん家《ち》があったんだ。ばあちゃんがいなくなっている。もしかしたらここらへんに埋まってるかもしれねえ。頼むから、そっちの作業を放っておいてこっちをやってくれねえか」

瓦礫の量は膨大な上に、ほとんどのものが割れて先が尖っていて危険だ。刃物や感電の恐れがあるものも多く、素手で動かせるものではない。だが、家族はそんなことに構うことなく「とっとと重機を入れてくれ」と頼んできたり、「今日見つかった遺体のなかに肉親がいなかったか」とつよい口調で尋ねてきたりする。

磯田たちは個々の頼みすべてに応じることはできなかった。鵜住居町では担当地域が決まっていたし、ショベルカーなど重機は一台もないのだ。

家族たちは要望が通らないとわかると、その不満を隊員たちにぶつけてくることがあった。

「なんで今になって来るんだよ！　遅すぎるよ。すぐに来てくれたら、娘は死ななくて済んだのに！　どうしてくれるんだ」

海辺に住む男たちは気性が荒いが、そのぶん恐ろしいほど一本気な性格だ。そんな者たちに目に涙を浮かべて怒鳴られると、隊員たちは何も言い返すことができなくなる。

だが、磯田ばかりでなく、他の多くの隊員たちも実家が流されていたり、肉親や知り合いの行方がわからぬままだったりしている被災者だ。それでも消防士という立場上、自分の家庭のことを後回しにして、鵜住居町に救助に入っている。にもかかわらず、地元の住民から八つ当たりのように不平や不満をぶつけられると、やるせなさが胸に去来するのだった。

昼を過ぎると、海からの風が強くなり、砂塵が竜巻のように吹き荒れた。磯田たちが黙々と瓦礫をどかしていると、不意に声が上がった。

「あ、人だ。人がいるぞ！」

崩れた屋根の下に人の長い頭髪があった。長さからすると、女性だろうか。呼びかけてみたが返答はない。隊員たちは顔を見合わせ、覚悟を決めてから無言で鳶口をつかって柱や家具を一つずつどかしていった。少しずつ姿が明らかになってくる。掘り起こされたのは、三十代の黒髪の女性で、すでに息はなかった。

きっと津波が迫っているのを知りながら、甘く考えて家に留まっていたのだろう。きっと子供だってまだ小さいはずだ。今この瞬間も、どこかで夫や子供が必死になって彼女の行方を探しているかもしれない。

磯田はそう考えると怒りが湧《わ》き出てきて、心中で遺体に向かって叫んだ。

なんで津波が来るのを知っていて逃げなかったんだ。夫だって子供だっていただろうに。なんでだ！

遺《のこ》された家族のことを思うと、亡くなった女性が避難せずに津波に巻き込まれたことがやり切れなかった。

＊＊＊

抜けていく同僚たち——松岡公浩（釜石市職員）

震災から一週間が過ぎた頃、釜石の大渡町から浜町へつづくメインストリートにあった四メートルほどの瓦礫の山が撤去された。自衛隊や地元の企業が重機を入れて道を切り開いたのである。脇にどかしただけだったが、なんとか車一台が通れるぐらいの幅ができて車両が入れるようになった。

遺体搬送班の松岡公浩は、同僚たちとともに早速浜町の仮置場を訪れた。道路の開通を機に、浜町の市営ビルの前に野ざらしにされている遺体を安置所へと運ぶことにしたのである。仮置場には二十体ぐらいの遺体が毛布やビニールシートにつつまれて到着を待っていた。

松岡たちは一体ずつ遺体を担架に乗せてメインストリートを通り抜けていくことにした。両脇のアーケードは曲がって傾いており、建ち並ぶ商店はすべて一階から二階の途中まで壁ごと破壊されている。二階の途中まで波が押し寄せたのだろう。モスバーガー、JA、北日本銀行など比較的新しい建物もすべて傾いて壁の一部が崩れ、看板が剝がれ落ちている。まるで一軒ずつ爆発物を投げ込まれて吹き飛ばされたような様だ。かろうじて無事だったコンクリートの壁には波が通った痕がくっきりと黒い横線となって残る。

浜町の仮置場の遺体を一旦《いったん》安置所へ運び終えると、松岡たちは大渡町の仮置場と交互に訪れて新たな遺体が到着するのを待つことにした。この頃、被災地にもどってきた住人たちが仮置場にやってきて「遺体を見つけた。自衛隊か警察はいないか」と言ってくることが頻繁にあった。自衛隊員や警察官が出払っていると、彼らは遺体搬送班の松岡たちに遺体の搬送を頼んでくる。本来、現場検証や身元確認をして仮置場まで運ぶのは自衛隊か警察の役割と決まっているが、彼らにとっては運び出してくれさえすれば誰でもよかったのだろう。松岡も市の職員として被災地にいる以上、頼まれれば安易に断るわけにいかなかった。

最初に住人から依頼を受けたのは、市営ビル前の仮置場への道が開けて間もないときだった。松岡が同僚たちと仮置場の前で話をしていたところ、地元の建設会社の作業員がヘルメットを被ってやってきて、こう言ったのだ。

「うちの会社の重機をつかって道路の瓦礫を撤去していたら、下から人間らしいものが引っかかって出てきた。死体だと思う。何とかしてくれないか」

近くに自衛隊は見当たらない。ちょうど別の住人に呼ばれて出ていったばかりだったのだ。松岡は無下に追い返すわけにはいかず、様子だけでもと思って行ってみることにした。

建設会社の作業員の後をついて行くと、掘り起こされた瓦礫の上に砂まみれの遺体が転がっていた。ずっと埋まったままだったのだろう。

「これ、運んでいってくれないか」

松岡は悩んだ。自衛隊や警察を呼んでもすぐには来られないだろうし、かといって待っていれば瓦礫撤去の作業がそのぶん遅れてしまう。松岡たちは自分たちの責任で、遺体を運び出すことにした。現場の状況をメモに取り、担架を持ってきて泥にまみれた遺体を乗せて仮置場まで移したのである。

これ以来、住人から同じように要請を受けたことは何度もあった。家に突っ込んでいた車から遺体を引き出したり、店に流れ込んだ遺体を掘り起したりした。いずれも自衛隊や警察官の手が塞がっていたため、代わりにやらざるを得なくなったのである。自衛隊や警察官もこの状況ではやむをえないとして黙認していた。

こうした作業をくり返し行っているうちに、松岡は今の装備だけでは足りないと思うようになり、特殊な道具を自ら用意することにした。革製の頑丈な手袋、鉄の入った安全靴、車の窓ガラスを割るためのハンマー、強力な懐中電灯……。整備士のようにそれらを腰にぶら下げ、いつ呼ばれてもいいように準備した。自衛隊や警察官の数が不足している以上、自分が腹をくくらなければならなかったのである。

一方、松岡以外の遺体搬送班の同僚たちは、遺体に直接触れる作業が増えるにつれて疲労の色が顔に滲《にじ》むようになった。自衛隊や警察官によって身元確認を受けて毛布にくるまれた遺体を運ぶのと、それを初めから自らの手でやるのとでは精神的な負担が違う。もし遺体が地元の知り合いだったらなおさらだろう。そうでなくとも彼らは親族や知人が被災している身なのだ。

同僚たちは一日の仕事を終えて教育センターの事務所にもどってきても誰とも目を合わさず、黙りこくったまま机に向かっていることが増えた。松岡が心配して声をかけても何の反応も示さない。一度そうなった者は、搬送の合間に青い顔をしてボソッとこう漏らすようになる。

「最近ちょっと体調が悪い。休みたいよ……」

励ましても、うつろな目をして答えようとしない。

こうした兆候が現れると、大抵数日後には班から姿が消えた。本人が異動を申し出たか、上司が配慮するかしたのだろう。毎晩のように悪夢にうなされている者もいたらしい。

遺体搬送班のメンバーが一人また一人と抜けていくと、誰か別の者を補充しなければならない。力仕事なので、かならず一定数の男手が必要だったのだ。最初は生涯学習スポーツ課から職員を回していたが、その者たちにまで辞められたり、断られたりすると他に頼める人がいなくなった。別の課に頼んでも同じことで、遺体搬送班結成時のメンバーで残っているのは、いつしか松岡ただ一人になっていた。

市役所はやむを得ず、釜石市シルバー人材センターや消防団から人を派遣してもらうことにした。だが、シルバー人材センターは、年配の人に仕事を紹介する機関であり、本来は福祉や育児に関わる仕事が主だ。当然、働き手もそのつもりで登録しており、遺体搬送の仕事を紹介されて引き受ける者は稀だ。何かしらの考えがあってはじめたとしても大体は二、三日で精神的に参って現れなくなってしまう。そこで、一人に負担がかかることを避けるため、毎回できるだけ違う人を交代で派遣することにした。が、これが誤算だった。

日替わりの派遣者たちは、遺体に触れた経験がない者ばかりだ。仮置場へ行っても、腰が引けて担架に乗せることができなかったり、運ぶ際に押さえることができなかったりする。トラックの荷台から下ろす際に、怖がって途中で手を離して担架を落としそうになった者もいた。

松岡は一々そういう者たちを叱咤《しった》しなければならなかった。

「仏さんをもっと丁寧に扱ってくれ。同じ釜石の人間なんだぞ。自分が同じことをされたらどう思うんだ」

津波で生死を分けるのは、偶然でしかない。たまたま生き残ることができた者は死者を敬って扱うべきだ。

だが、松岡には彼らが遺体を恐れるのには、やむを得ない面もあると思っていた。震災発生から一週間ぐらいは傷のないきれいな遺体が多かったが、日が過ぎるごとに仮置場に置かれる遺体はむごたらしい姿のものに変わっていった。瓦礫の下で見つかる者が多かったため、頭がつぶれていたり、胴体に瓦礫が刺さっていたりしたのだ。体の一部に裂傷があり、そこから腐って色の変わった内臓が出ている者もあった。

松岡は徐々にこうした遺体の変化を見ていたので慣れることができたが、シルバー人材センターや消防団の団員たちはいきなりこれをつきつけられ、担架に乗せ、運ばなくてはならない。しかも、気の弱そうな人が派遣される日に限って、目をそらしたくなるような遺体が立てつづけに見つかる。縮み上がって近づこうとしないのも無理はない。

遺体のなかには、松岡ですら直視できないようなものもあった。特に津波に流されて海で見つかった遺体に多かった。三月は陸より、海中の方が温度が高かったため腐敗もかなり進行していたのに加えて、魚に喰われたり、身体《からだ》がちぎれたりしていることがあった。松岡は海で遺体が見つかったという連絡が入り、港へ行かなくてはならなくなる度に沈鬱な気持ちになった。

また、あれを見なければならないのか……。

岩手県の海で遺体捜索にあたっていたのは、釜石海上保安部の保安官たちだった。海上の治安維持や、海難事故からの救出などを担当する、いわば海の警察官だ。その保安官たちが震災の直後から巡視船を沖合に展開し、波に揺られながら浮いている遺体を一体ずつ回収し、納体袋に入れて陸へ運んできていたのである。

この海上保安官と陸の松岡が交わる場所が、岩手県内でいち早く復旧した釜石港だった。

✣✣✣

海上に漂流する遺体——藤井智広（海上保安部）

三月十二日未明、海上保安部の巡視船「きたかみ」は、岩手県三陸沖五キロの真っ暗な海に停泊していた。

船の甲板から見ると、陸地では橙色の炎がいくつも立ち上っていた。津波によって沿岸の町から火が出たのだ。特に大槌町は一面が火の海に覆われている状態で、山林にまで広がって隣の釜石市にまで達しつつあった。

暗い沖合には、「きたかみ」の他、何隻もの漁船が止まっていた。どの船の乗組員も甲板に出てきて、呆然とした面持ちで生まれ育った町が炎につつまれていくのを見守っている。どうか助かってくれ。全員がただそう祈ることしかできなかった。

「きたかみ」の主任航海士藤井智広も、このとき町を見つめていた一人だった。背筋をまっすぐに伸ばし、厳格そうでいてどこかやさしさのある男だ。三十五歳、市内の官舎に妻と二人の子供がいる。

地震の発生直後、智広は津波の到来を予期し、釜石港に停泊させていた「きたかみ」を沖へと脱出させた。港にいると波に呑まれてしまうため、到達する前に逆にできるだけ沖に出なければならない。八の字型に全長約二キロ、ギネス登録もされた世界最深六十三メートルの基盤と海上六メートルの高さで港を守ってきた防波堤がなぎ倒されるのを見ながら押し寄せる高波に抗《あらが》って、間一髪のところで沖に逃げのびたのである。

沖に出た後、智広は巡視船を死守したことに胸をなで下ろしたが、すぐに釜石の様子が心配になった。船内のテレビをつけると、全チャンネルで緊急ニュースが流れており、東北の沿岸部を巨大な津波が今まさに襲っている映像が映し出されていた。黒い波が家や畑や車を次々と呑み込んでいき、橙色の炎を上げる。キャスターが声を上ずらせて何度も避難を呼びかける。わずか数キロ先の、見慣れた港町がこんな大惨事に巻きこまれているなんて。

智広は急いで釜石海上保安部に無線で連絡を取ったが、まったくつながらない。海上保安部は港に面した釜石港湾合同庁舎内にあり、津波の被害を正面から受けている可能性が高い。智広は本部への連絡を試みる一方で、被災状況を確認するために管轄の岩手県沖に船を展開させることにした。すると釜石ばかりでなく、隣の大船渡も壊滅しており、大槌町にいたっては火災が広がって町全体が赤く染まっている。港はどこも破壊されて近づくことさえできなかった。

長くて底冷えのする夜がようやく明け、暁霧が少しずつ晴れだした。智広が甲板から緑色に透き通る海原を見渡していると、朝陽に照らされた陸の方から大量のゴミが沖に向かって流れてくる。最初は市場にあったと思われる発泡スチロールやビニール袋、それに漁業用の網などがほとんどだった。しばらくすると今度は衣服やバッグや靴、それに店の看板や剥がれた壁などまでが漂流するようになり、海一面が何色もの漂流物によって埋め尽くされた。津波は港だけでなく、内陸側の住宅密集地域にまで押し寄せたにちがいない。

海上保安部の本部への無線が通じたのは、夜が明けてしばらく経ってからのことだった。本部にいた同僚たちは建物の上階に避難して津波の難を逃れたのだが、電話や無線機など通信機が故障して連絡がとれずにいたという。智広が「きたかみ」が無事であることをつたえると、本部からは次のような指令が下された。

「直ちに岩手県全域の沖合五マイル（約九キロ）の範囲に展開してくれ。おそらく流された被災者がいるはずだ。まだ生存している可能性があるので、全力を挙げて救助を行うように」

釜石海上保安部の管轄は細長い岩手県の海域ほぼすべて、つまり南は陸前高田沖、北は普代村《ふだいむら》沖まで約七十マイル（約百二十六キロ）に及んだ。「きたかみ」に乗った保安官たちはその長大な範囲で人命救助に当たることになったのである。

捜索は主に二つの方法で行われることになった。一つは、海上に浮かんでいる船に近づいていって、船員が無事でいるかどうかを調べるやり方だ。沖に流れている船を見つけると、マイクで「海上保安部です。どなたかいたら合図をしてください」と呼びかけて、安否を確認していくのである。

もう一つが、海に流されている人間を目で見て探す方法だ。津波によって沖へ運ばれた人間が発泡スチロールにしがみついて浮いていないか、あるいは漂流する屋根に乗っていないか肉眼でたしかめるのだ。智広は昼間だけでなく、深夜も赤外線レンズ付きの双眼鏡をのぞき込み、月光がほのかに照らすばかりの海原を見回した。

海上での捜索の妨げとなったのが、湾内を覆いつくす漂流物だった。三陸沖の港の多くでワカメ、ホタテ、牡蠣《かき》などの養殖が盛んに行われており、そのため瓦礫だけでなく養殖用の網があちらこちらにはりめぐらされるように浮いていた。船を港に近づけるとそれらがスクリューに絡《から》みついて動かなくなり、陸から潜水士を呼んで手作業で取り除かなければならなくなる。それだけで半日つぶれることもある。そのため、効率が悪いことを承知しながらも、湾の外で捜索を行うしか智広たちには術《すべ》がなかった。

十三日、智広たちは海上で最初の犠牲者を発見した。昼間、海を回っていたところ県の漁業取締船から無線が入り、大船渡の沖合に遺体らしきものが漂流しているので直ちに確認してほしいという要請があった。大船渡沖へ舵《かじ》を取って行ってみると、海面に散らばる大量の木片とともに年かさの女性が靴を履いたままうつぶせになって浮いていた。緑がかった波が寄せる度に右に左に静かに揺れる。念のため呼びかけてみたが、反応はなく生きているようには見えない。みな口には出さなかったが死亡を確信した。

保安官たちは巡視船では大き過ぎると判断し、備えつけの小型ボートを一隻下ろして数名で乗り込み、遺体に近づいていった。ボートの側面に波がぶつかる度にタップンタップンと音がする。保安官は手分けして遺体の腕や肩を抱え、ボートに移した。遺体が重い音を立てて転がり、髪や服にしみ込んだ海水が流れる。七十歳前後だろうか。

「死亡しているな……記録を取ろう」

海で遺体を見つけると、その場で死亡状況を書き記すことになっていた。発見場所、服装、推定年齢などを記録するのだが、陸での身元確認と違うのは死亡時刻の推定に役立てるために遺体の体温と水温を測ることだ。二つの温度が近ければ近いほど死亡してから時間が経っていることになる。

これが終了すると、保安官たちは小型ボートを「きたかみ」に寄せ、甲板に遺体を運び上げて、グレーの納体袋に納める。長らく水につかっていたため、体は白くなってふやけ、冷たくなっていた。どれだけ海水につかっていたのだろう。智広は女性の顔を見て、こう胸中でつぶやくしかなかった。

「ずっと寒かっただろうね、ごめんね」

その後、「きたかみ」は女性の遺体を大船渡港ではなく、釜石港まで運ぶことになった。岩手県の港は防波堤が一部を守った釜石港以外すべて津波で壊れてつかいものにならず、入港することができなかったのだ。

遺体引き渡しの手順としては、まず無線で市の遺体搬送班へ連絡し、何時何分頃に引き渡しを行いたいと告げる。それから「きたかみ」を釜石沖三百メートルで止め、海面の瓦礫を避けるために小型ボートに遺体を乗せて港を目指す。そして港で遺体搬送班と合流し、発見時の状況を記したメモとともに遺体を渡すのである。

海上での捜索は一週間、二週間と過ぎていったが、生存者は一人も発見されず、海から引き上げたのは変色した遺体ばかりだった。当初、その多くが潮の流れが交じり合う潮目に瓦礫とともに浮かんでおり、男女ともに衣服が脱げて乳房や性器があらわになっていた。激しい津波にもまれているうちに下着や靴下まで剝《は》がされてしまうのだ。雪の降るなか、漂流物にまみれて全裸で波に揺られている姿は痛ましかった。

さらに日数が経つと、遺体はよりむごたらしい姿になる。多くの遺体は漂流後何日かすると、肺にたまっていた空気がなくなるために、暗黒の海底に引きずり込まれるように沈んでいく。こうした遺体の一部は数週間して体内にガスが溜《た》まって風船のように膨らみ、再び浮いてくる。それが海上保安官たちによって見つけられるのだ。

だが、実際一度海底に沈んだ遺体の多くは、魚に喰い荒されて沈澱《ちんでん》してしまって浮かび上がらずに見つからない。三陸沖にはウニやスムスやヒトデといった腐肉を喰らう海洋生物がたくさん生息しており、それらがあっという間に目の球や皮膚をつついて穴を開けてガスを抜いてしまうからだ。

広大な海での捜索活動は、雪や雨の降るなかでも懸命につづけられた。陸と違い、海では波や潮の動きがあるため、一度徹底的に調べたところでも数時間後には新たな遺体が流れつく可能性がある。したがって百キロ以上にわたる範囲を何度も飽きるほど行き来して見回らなければならなかった。

智広は、何人かの保安官が疲れ切った表情をして、いつの間にか誰とも話さなくなっているのに気がついた。震災以降、家族や親戚の行方がわからない者たちがそうなることが多かった。

あの日から「きたかみ」は数時間港に寄港した以外はずっと海上で捜索にあたっていた。船に乗っている保安官の肉親が行方不明の場合は、代わりに陸に残って仕事をしている者たちが親族を探し回ってくれていた。船内には家族の安否情報をつたえる表が貼ってあり、本部から無線で誰々の父親の生存が確認されたという情報が届けば、その名前の横に「○」の印がつけられる。智広は幸いなことに震災後四日目に妻と連絡がつき、子供たちの無事も知ることができた。だが、一部の保安官の名前の横には、いつまで経っても印がつかなかった。

通常なら智広はこうした仲間を見かければ肩を叩き、「大丈夫だよ。家族は絶対に生きている。安心しろ」と励ましただろう。だが、今回に限ってはそうすることができなかった。寄港したときに目にした廃墟と化した町並みを思い出したり、海に浮かぶ腐敗した遺体を目にしたりすると、軽々しい言葉で慰めても何の説得力も持たないのは明らかだ。また、家族の無事がわかっている自分が気づかいをすることで逆に傷つけることになるかもしれないという懸念もあった。

今自分にできることは、広大な三陸沖に漂流する遺体をできるだけ多く見つけ出し、家族のもとに返すことだ。家族にとって肉親の遺体と対面しなければならないのはつらいことだが、永遠に行方不明のまま引き裂かれるよりはずっといいはずだ。そう考えるようにするしかない。

三月も終わりにさしかかった頃、「きたかみ」を釜石港に停泊させたことがあった。瓦礫の撤去が粗方済んだことで、岩手県の港ではもっともはやく釜石港が復旧し、船を寄せられるようになったのである。港の周辺には湾から取り除いた瓦礫が五メートル以上もつみ上げられ、魚が腐ったような臭いが漂っていた。

保安官たちは用意された食糧や水など補給物資を「きたかみ」につみ込む作業を行った。そのとき、本部から送られてきた物資に、遺体を入れるための灰色の納体袋が大量に交ざっているのに智広は気がついた。ざっと五十枚はあっただろう。最低でもこれだけの遺体は回収せよという本部からの強い要請であるように感じられた。

智広はそれを見て決意をつよくした。

——遺族のために、この五十枚分の納体袋に遺体を入れて帰ろう。いや、これだけでは足りない。もっともっと見つけ出してやるんだ。

岩手県沖合に流された遺体が何千体になるのかはわからない。だが、すべての遺体を冷たい海から引き上げて陸に暮らす家族のもとに帰してやりたかった。

＋＋＋

遺体を帰したい——松岡公浩（釜石市職員）
三月も終わりに差しかかり、港を照らす陽光がまぶしさを増した。沖から吹きつける海風が暖かくなりはじめている。春が日一日と確実に迫ってきているのだ。
この頃、遺体搬送班の松岡公浩は仮置場で待機して、遺体発見の報が入る度にそこへ引き取りにいくことにしていた。陸上で見つかった場合は担当者が呼びに来たり、電話が入ったりするのだが、海上で発見された場合は無線で連絡があった。海上保安部から何時に到着するので引き取りに来てくれと指示されるので、松岡はメンバーを引きつれて、時間に合わせて港へ向かった。

港では保安官が納体袋に入った遺体を置いて待っていた。松岡たちは遺体を引き受ける際、自分たちでも遺体の特徴を調べてメモをとる決まりになっていた。納体袋のチャックを開けて遺体を見て、性別や身長など特徴を記していく。

海で見つかった遺体は一様に傷んでおり、思わず顔をそむけてしまいたくなるものも少なくない。腐敗しているだけならまだよく、体内にガスが充満してパンパンに膨らんでいたり、魚に喰われて顔が半分だけ白骨化していたりすることがある。人間の姿はここまで残酷に変わり果てるものなのかと思うと、自分と彼らをわけたものが何だったのかと改めて考えてしまう。

海で見つかる遺体としては、女性が多く、男性の場合は肥満体型の者が大半だった。これは脂肪率が影響している。脂肪は水に浮くが、筋肉は沈む。そのため、男性より女性、痩せ型より肥満体型の人の方が海で見つかる率が高い。ただ、損傷の激しい遺体の場合は顔を見ただけでは男女の区別がつかず、遺体の特徴確認をする際は性器まで見て確かめなければならなかった。

港で遺体の特徴を用紙に記入し終えると、松岡たちは納体袋に入ったまま遺体をトラックの荷台に乗せる。遺体搬送班のなかにシルバー人材センターや消防団から新しく派遣された者がいる場合、松岡は念を押すように言った。

「安置所に到着するまで、しっかりと納体袋を押さえてくれ。気を緩めるとなかの液体が出てきてしまうから」

海上保安部は海で遺体を見つけてすぐに納体袋に入れていた。そのせいで、袋のなかには遺体から漏れた体液、血液、海水といったものが溜まっており、動かす度にチャプチャプと音を立てる。これがこぼれるとひどい悪臭にさらされることになる。

港から安置所に向かってトラックを走らせているときは、特に注意が必要だ。アスファルトの凹凸にぶつかったり、急ブレーキがかかったりした拍子に、チャックの部分から液体が漏れ出てくる可能性がある。

何度か経験のあるメンバーならば、そのことをわかっており、チャックが上向きになるようにし、揺れの激しいときは遺体をしっかりと押さえる。だが、慣れていない者だとそれを怠り、液体で水びたしになり、靴や袖《そで》に腐臭がしみつく。

安置所では警察官や市の職員が出迎えてくれた。松岡は納体袋ごと遺体を引き渡し、海上保安部のメモと自分で作成したメモを渡す。これで仕事は終わりだ。身元確認など後の作業はすべて彼らが行うのだ。

くる日もくる日も、松岡はこうした作業をつづけていた。それが日常となったある日、一緒に働いていたメンバーの一人にこんな疑問を投げかけられた。

「松岡さんは最初からずっとこの仕事をしているんですよね。どうしてつづけてこられたんですか」

ずっと無我夢中でやってきたため、自分でもしっかりと考えたことがなかった。松岡は立ち止り、少しだけ考えてから答えた。

「もし自分が犠牲者だったら家族のもとに帰りたいと思うはずだろ。犠牲者だって死にたくて死んだんじゃない。流されたくなかったし、瓦礫に押しつぶされたくもなかったはずだ。だからこそ、彼らが家族のもとに帰る手伝いをしてあげたい。少なくとも、僕はそのことにやりがいを感じてる」

松岡はどれだけむごたらしい姿であっても、見つかった遺体に対しては「よかったな。これで家族のもとに帰れるぞ」と語りかけた。家族のなかには犠牲者の変わり果てた姿を目にして泣きじゃくる者もいるだろう。しかし、心の底では誰もが遺体だけでも帰ってきてほしいと願っているものだ。犠牲者にとっても永久に暗い海底に沈んでいるよりは家族のもとにもどり、墓に埋めてもらった方がはるかにいい。「僕はたまたま津波の被害に遭わずに生き残ることができた。お腹を壊していたために外回りに行かなかったっていうだけだ。だからこそ、犠牲者のために何かをやってあげたい気がする。もちろん、遺体を運んでいてつらいと思うことだってあるよ。憂鬱になることだってある。けど、思うんだ、犠牲者と家族を結ぶ手助けができたら、この仕事をやる意味は少しはあるんじゃないかって」

メンバーはそれを聞いて答えた。

「やっぱり松岡さんはすごいですね。僕が毎日この作業をやっていたらくじけてしまうかもしれない」

松岡は妻にも同じような心配をされたことを思い出した。震災から五日間、松岡は避難者の対応や遺体搬送の仕事に忙殺され、自宅に帰ることができなかった。服を着替えたいと合間を見てもどったのが三月十六日の夜。まだ停電がつづくなか、妻は懐中電灯を片手に迎えにきてくれた。

この夜、松岡が妻と二人で話し合ったとき、何の任務についているのかと尋ねられた。包み隠さずに遺体搬送のことをつたえると、彼女は目を丸くして黙り込んでしまった。まだ連日のように大きな余震があり、津波警報が発令されていたため、いつ津波が再び襲いかかってくるともしれない浜辺で危険な作業をしていると早合点したのだ。松岡は慌ててそれを打ち消した。妻は納得できるまで話を聞くとようやく胸をなで下ろして言った。

——あなたは人に恨まれるようなことをしているわけじゃない。むしろ、遺族からすれば感謝すべき存在だと思う。ただ、あなたが無理をして精神的に参ってしまうのだけは心配。お願いだから心のコントロールだけはしっかりしてね。何かあったら、いつでも相談して。

松岡はそれを聞いて以来、どんなときも妻が傍にいてくれている心強さを得ることができた。何かあればいつでも話せるし、支えてもらえる。家庭があるという安心感が、遺体搬送という厳しい仕事をする松岡を支えたのだろう。

彼はメンバーの心配そうな顔を見て言った。

「この先、僕が精神的にくずれるかどうかはわからない。けど、そうならないためにもちょっとした市からの手当ぐらいはほしいね」

松岡は冗談っぽく笑った。メンバーは首を傾げた。

「手当？」

「ああ。僕は本来生涯学習スポーツ課の職員なんだ。なのに、課長に指示されたっていうだけでこれだけの仕事をしてきた。もはや残業手当は諦めているけど、遺体搬送を労《ねぎら》う特別手当ぐらいはお給料に上乗せしてもらわないと、心がくじけちゃうよな。終わったら、いつかパーッと遊びに行きたい」

彼の笑顔は子供のようで、どこからどこまでが本音かわからない。ただ、着ているブルーのジャンパーには「釜石」という文字がプリントされており、車にも市のマークが記されている。彼は市の生涯学習スポーツ課の一係長にすぎない。だからこそ、この仕事は彼に託されたのだ。

第三章　歯という生きた証《あかし》

歯科所見作業へ——鈴木勝（釜石歯科医師会会長）

被災地で松岡公浩が遺体搬送を開始したのと同じ三月十三日、旧二中の体育館を初めて訪れた人物がいた。歯科医の鈴木勝である。釜石歯科医師会の会長だ。

鈴木歯科医院は国道沿いに建っており、かわいらしい入り口が美容院のような雰囲気を醸《かも》し出し、女性にも通いやすそうなつくりになっている。もともとは母が開業した歯科医院で、息子の勝が二浪の末に歯医者の免許を取得して釜石にもどり、後を継いだのだ。五十四歳、長身でひょうきんな男だ。自分ではデキの悪い人間だと謙遜《けんそん》するが、私生活では妻一人、娘二人に囲まれ、病院では女性スタッフから「勝先生」と呼ばれて親しまれている。三年前から若くして歯科医師会長を務めることになったのも、その飾り気のない素朴な人柄ゆえだろう。

勝が旧二中で行う歯型確認の依頼を受けたのは前日の夕方だった。夜気が迫り、寒さが増した時刻、突然自宅に釜石医師会会長である小泉嘉明がやってきた。彼は厳しい表情を崩さぬまま、明日から安置所で遺体の歯科所見をやってくれないか、と頼んだ。

聞けば、小泉自身この日朝から旧二中で検案をしてきたという。体育館に並べられた遺体は数知れず、身元がわからないものも少なくないらしい。津波で流された際に所持品が失われたり、一家全員が被災してバラバラになったりしているのだ。医師が行うＤＮＡ型鑑定に加えて、歯科所見も急務であり、県警の担当者が地元の歯科医の協力を求めているということだった。勝はずっと中妻町にいて被災地の状況を見てもいなかったが、家族同然の付き合いをする小泉からの依頼とあっては断るわけにいかず、旧二中へ行く約束をした。

翌十三日の朝、鈴木歯科医院には、歯科助手や受付スタッフの女性が一人また一人と集まってきた。電気が止まったままだったので、診療室や廊下は陰っており、彼女たちはコートにマフラーという姿で院内を歩き回っていた。本来日曜日は休診だったが、勝は釜石歯科医師会の会長として会員たちの安否を確認し、岩手県歯科医師会に報告しなければならなかったため、前日につづいてスタッフを招集していたのだ。

八時過ぎ、勝は自宅と隣接する医院へいくと、スタッフを呼び集め、自分は旧二中へ歯科所見をしに行くとつたえた。体育館に犠牲者が集められており、歯科医による作業が急務になっているのだ、と。この時点で勝が把握していたのは、前日に小泉から聞いた話がすべてだったが、スタッフたちは一言も聞き逃すまいと真剣な目をしていた。そこには、震災の直後に両石の実家から電話があったものの、そのまま連絡が途絶えている女性スタッフの姿もあった。

勝が全員を見回すと、大谷貴子がひときわ厳しい目をして立っているのに気がついた。歯科助手を務める三十六歳。鈴木歯科医院で働きはじめて十三年になるベテランの女性だ。痩身《そうしん》の童顔で気がやさしそうに見えるが、根はしっかりと地に足がついた性格で、長年勝を支えてきた。勝は貴子に向かって言った。

「貴さんだけは、俺と一緒に旧二中へ来てくれ。今日はずっと俺といてもらう」

「え？」

「遺体の歯科所見をするには助手が必要だ。貴さんは俺の手伝いをしてくれ。八時四十五分に出発するから、急いで寒くない格好に着替えるように。白衣は防寒着の上に着ればいいから」

勝はそうつたえると、一旦自宅にもどり、旧二中に設営された安置所に行く準備をはじめた。肌着の上にホッカイロをいくつも貼りつけ、上着を何枚も重ね着し、下は汚れてもいいようにゴルフ用のズボンをはくことにした。前日に小泉から体育館には遺体の腐敗の進行を遅らせるために暖房設備を置いていないので、できるだけ厚着をしてくるようにと助言されていたのだ。

着替えが終わると、歯科医院の診療室へもどり、作業に必要な道具をバッグにつめていった。開口器、検診用ミラーライト、舌圧子、口腔内撮影用カメラ、ライト、消毒剤、ピンセット、探針、ティッシュ……。これまで一度しか遺体の歯科所見をした経験はなかったが、以前県警と行った訓練を思い出して必要と思われるものをすべて持参することにした。特に、汚れや体液を取り除くためのティッシュを多めに用意した。

九時前、勝と貴子は旧二中の校庭に到着した。裏の山にはまだ朝霧がかかっていた。小鳥のさえずりはまったく聞えず、冷気が痛いほどに頬や指を刺す。二人は車を止めると、身を縮めるようにして真っ直ぐ体育館に向かった。貴子はこの学校の卒業生だったし、勝の娘もそうだったため、建物の位置はすべて把握していた。

体育館の入り口には、エプロンのようなものを身につけた警察官が数名、せわしく歩き回っていた。帽子とマスクの間から出る眼は殺気立ち、長いゴム手袋は肘《ひじ》まで延びている。勝たちが下駄箱の脇を通って館内へ入っていくと、床一面に五十体をゆうに超す遺体が並べられているのが見えた。納体袋はそれぞれ違った形に膨らんでいて、なかで遺体が横向きになっていたり、腕や足を曲げていたりするのが察せられた。一台しかない自家発電の照明が、悲しいほど弱々しい光でうっすらとそれらを照らしている。

勝は来てはならないところに足を踏み入れてしまったような気になり、背筋を凍りつかせてなかをうかがっていた。警察官や市の職員が大きなビニール袋をかかえて忙《せわ》しく遺体を跨いで通り過ぎていく。みな顔色一つ変えずに動き回っていられるのは一日働いて遺体に慣れたからなのだろうか。

医師の小泉が、岩手県警の担当者をつれてやってきた。背の高い柔道体型の男だ。前日紹介すると言われていた責任者なのだろう。彼は険しい表情で挨拶もそこそこに本題に入った。

「お忙しいところお越しくださりありがとうございます。昨日は岩手県歯科医師会の西郷先生に途中まで作業を行ってもらいました。本日は、先生にそのつづきをお願いしたいと思います」

勝は西郷と聞いて驚いた。同学年で大学卒業間もない頃から親しく付き合っていた仲だ。同じく二浪して歯学部に入っており、今でも歯科医師会の会合があった帰りなどは食事をともにしたりしていた。あの西郷が来てくれていたのか。

「わかりました。どれから診ていけばいいのでしょう」と勝は訊いた。

「遺体には番号がふってあります。現時点では四十八番まで終わっているので、本日はそれ以降の番号の遺体をお願いします。こちらで用意した専門の用紙をご使用ください」

遺体を入れた納体袋には、一つずつ遺体の詳細を記したメモが貼られており、そこに番号が記されていた。四十九番目以降ということは、西郷は昨日一日でそれだけの作業を行ったということなのか。自分に同じだけのことができるかどうか自信がなかった。

県警の担当者は昨日西郷が残した記録を参考までにと渡し、別の要件のために去っていった。小泉もその場を離れて遺体の傍へ歩み寄り、検案を行うために必要なライトや注射器の用意に取りかかる。勝は手渡された記録を参照しながら、見よう見真似で歯科所見の作業にとりかかることにした。

勝は貴子とともに並べられた遺体から四十九番と記されたものを探し、納体袋のチャックを開けた。亡骸《なきがら》が横たわっており、青白い死顔がむき出しになった。肌に触れてみると、あまりに冷たく思わず手を引っこめたくなる。落ちつけ、と自分に言い聞かせる。

彼は覚悟を決め、合同訓練で習ったことを思い出して膝をつき、ライトとミラーを手にしてのぞき込むような姿勢で遺体の口を開こうとした。だが、歯と歯の間はピクリとも動かない。押し寄せる濁流を飲むまいとしたのか、しっかりと口を閉めたまま死後硬直しているのだ。個人差はあるものの、死後硬直の度合いは通常死亡直後から二日ぐらいまでがもっとも高い。津波発生から四十二時間が経った今はまさにその時期にあたる。

勝はミラーをその場において言った。

「開口器を取ってくれ」

貴子が金属製の開口器を取り出して手渡す。勝はそれを歯のわずかな隙間に挿入してこじあけようとしたがやはり微動だにしない。まるで岩の割れ目に器具を押し込んで開こうとしているようだ。むきになって力をこめると、歯が砕けそうな音を立ててグラつく。これ以上やれば遺体を損傷することになるかもしれない。

「ダメだな……舌圧子を出してくれ。それで試してみよう」と勝は言った。

舌圧子とは、通常舌を押さえるのにつかう金属製のヘラだった。勝はそれを歯と歯の隙間に入れて、ねじるように少しずつ力を加えていくことでテコの原理で口を開けようと試みたのだ。何度かやってみると三、四ミリ広がった。

これぐらい開けば何とかなるかもしれない。勝は舌圧子を抜き、血の気のなくなった唇をめくり上げ、わずかな隙間から見えるところだけを調べることにした。一本ずつ所見をつたえ、貴子はそれを用紙に記入していく。基本的には歯の検診と同じ要領だが、思いがけず役に立ったのは持参した検診用ミラーライトだった。ミラーの先端にライトがついているもので、口腔にうまく滑り込ませることができればライトの明かりで歯の裏側の状態をくまなく調べることができた。口が十分に開かず、照明もない状況では、利便性が高い。

ただ、すべての遺体に対して同じ要領で作業を進めていけるわけではなかった。遺体の一部は大量の泥水を飲み込んでおり、舌圧子をつかって口をこじ開けたと思ったら、口腔や咽喉にたまっていた海水が溢れ出してきた。あわててティッシュペーパーを何枚も押し込んで吸い取ろうとするのだが、胃や肺に入った水が体液と混じってとめどなく流れ出してくる。泥の色をしているものもあれば、白濁した気泡状のものもある。内臓にたまっていたものなのだろうか、血を含んでいて鉄の臭いがする。勝はそんなことが起こる度に作業を中断して、貴子とともに口腔の液体をすべて拭き取らなければならなかった。

遺体の状態によって一体につき五分から十五分ぐらいかかった。勝は流れ作業のようにして番号順に遺体を診ていったが、気がつくと、目の前の遺体に対して何も感じていない自分がいた。遺体の数があまりにも多いために、一々何かを考えている暇がなく、突きつけられた作業に没頭するようになっていたのだ。

体育館には数十分置きに続々と遺体が運ばれてきた。トラックが校庭に止まる音がしたと思うと、入り口にいた警察官や市の職員が大きな声を出す。

「新しいのが来たぞ」

彼らは何組かに分かれており、順番にトラックから下ろされた遺体を取り囲む。そして服を脱がして泥を洗い流すと、ＤＮＡ型鑑定のためのサンプルを採取し、検案や歯科所見に回す。一回につき三体も四体も運ばれてくることがあり、泥だらけになった遺体がどんどんたまっていく。

そのうちに勝はトラックが市のものであり、運転して遺体をかつぎ込んでくるのが、友人の松岡であることに気がついた。スポーツが得意な松岡とは、ゴルフをよく一緒にする仲だった。彫りの深い顔でゴルフクラブを持ってラウンドする姿はちょっとした貫禄《かんろく》があったが、実は意外なほど繊細で、人付き合いがいい。酒をほとんど飲まないのに誘えばいつも居酒屋へもついてきてくれた。きっと彼は付き合いのよさゆえに遺体搬送の仕事に巻き込まれたのだろう。勝は彼が市の職員であるというだけでそんな仕事をつづけていることに頭が下がった。

昼をだいぶ過ぎてから、勝と貴子は目を休めるためにひと息入れることにした。薄暗い館内で何十体もの遺体の口腔をのぞいていたせいで焦点が合わなくなってきたのだ。体育館に並べられた遺体は朝に比べると倍近くまで膨れ上がっており、置ける隙間が少なくなってきていた。勝は近くにいた警察官に尋ねた。

「これからさらに遺体が運ばれてくるんでしょうね。今日一日でどれぐらいになるのかな」

警察官は首を傾げた。

「わかりませんが、被災地の惨状からすると、二、三日のうちにここの体育館が満杯になってしまうのは確実です。おそらく校舎の方に安置所を別につくるか、他の施設に新しく設置するかということになると思います」

それを聞いて海辺のマチがどんな状況に陥っているのかこの目で確かめたくなった。昔から付き合いのある友人が大勢暮らしており、彼らの安否が案じられる。

勝ははやる心を抑え、警察官が作成した死亡者リストを見てみることにした。運ばれてきた順に番号がふられ、身元がわかっている犠牲者については名前から勤務先まで細かく情報が記されている。上から順番に目を通していくと、ふと思い当る人物が目に止まった。「佐々木」という名前の横に、畜産会社に勤めている片足の不自由な男性であることが書かれていたのである。一目見て、信彦の兄に間違いないと思った。

信彦は一族で畜産会社を経営しており、勝が大学卒業後に釜石にもどってきて青年会議所に入って以来親しくしてきた同世代の男だ。二十数年間、酒を飲んで騒げる気のおけない親友として付き合ってきた。好きな女のタイプから野球チームまでお互いわかっているし、家族ぐるみの仲で兄のこともよく知っている。

勝は慌ててその番号がふられた遺体を探し、納体袋のチャックを開けた。そこには白くなり、目を閉じた信彦の兄が静かに横たわっていた。彼の畜産会社は海からわずか二百メートルのところに位置している。この足では、迫ってくる津波から逃げのびることができなかったのか。

勝は傍にいた職員に尋ねた。

「この男性には、信彦という弟がいた。たぶん同じ会社にいたと思うが、どうなったか知らないか。俺の親友なんだ」

職員は言いにくそうに答えた。

「行方不明だと聞いています……」

頭が真っ白になった。信彦は思いやりのある性格だ。津波が来たことを知れば、足の悪い兄の傍に最後までつきそっているはずだ。兄が死んだということは、一緒に津波に流されたのではないか。

信彦には若い娘が二人いた。長女は去年北海道の男性と結婚をしたばかりだった。ちょうど十月の「釜石まつり」の時期で、メインストリートを通る豪華な山車《だし》に娘婿《むすめむこ》を乗せて町を紹介したり、港の曳き船まつりや地元の踊りを見せたりした。娘婿も大漁旗を掲げた船や市民の神楽を見て釜石の古き良き文化を楽しんでいた。嫁いでいった娘が孫を産み、つれてくるのを楽しみにしていた矢先だったはずだ。

傍にいた貴子が勝を心配して励ました。

「勝先生、とりあえず仕事が終わったら信彦さんの家族に連絡を取りましょうよ。今ここで思いつめていても仕方がないから」

貴子も信彦をよく知っており、酒の席で何度も一緒になったことがあった。勝と三人で夜更《よふ》けまでカラオケでうたったこともある。

「そうだな……そうしよう」と勝は弱々しく答えた。

勝は気落ちした表情で、遺体の方へ向かって作業を再開しようとした。そのとき、一人の若い母親が小学生の娘の遺体の前にすわり込み、うなだれているのが見えた。

大渡町の仮置場で人違いして松岡に「人でなし！」と喰ってかかったスナックのママだった。朝一番に来てから何時間ここにいるのだろう、涙を涸らし、目の下に隈《くま》をつくり、魂が抜けたように幼い死顔を見下ろしている。

彼は市の職員から少し前に彼女が娘を失なったときのことを教えてもらっており、その悲嘆に沈む姿を見ていたたまれなくなった。自分の娘が、と考えたら、遺体の前にへたり込んでうめく気持ちが苦しいほどつたわってくる。だが、午後になってからは刻一刻と寒さが身に染みてじっとしていられないほどになりつつあった。彼は体育館にあった毛布を手に取り、彼女のもとに持っていくことにした。

傍に寄ると、毛布を差し出して言った。

「ここは寒い。風邪をひくから、せめてこれを羽織るといいですよ」

彼女は途切れそうな弱い声で「ありがとうございます」と答えたが、頭を上げようともしなかった。娘の顔についた泥を拭きとったハンカチをしかと握りしめている。

勝は黙って毛布をその場に置き、作業を再開することにした。

山に陽が沈みはじめると、体育館はみるみるうちに暗くなっていき、凍えるほどの冷気が張りつめた。警察官たちは白い息を吐き、かじかむ手を何度もこすり合わせた。勝も貴子も体が震えはじめ、指先の感覚がなくなる。警察はこれ以上つづけるのは難しいと判断し、十七時近くなった時点で作業を切り上げ、明日九時から残りの作業を行うことを決めた。

勝は大きく息を吐いてからゴム手袋を外し、膝をなでた。一日中床に膝をついていたため、関節が棍棒《こんぼう》で殴られたように痛む。今日だけで三十体、いや四十体以上診ただろうか。だが、見回してみればまだ手のつけられていない遺体はたくさんあり、明日になればさらに増えるはずだった。

少しして、朝の岩手県警の担当者が近づいてきた。背の高い彼は頭を下げて協力してもらったお礼を言うと、申し訳なさそうにつづけた。

「実は明日の件なのですが……鵜住居町にも行ってもらいたいのです。鵜住居町は津波によって全壊してしまっており、死者は相当な数に上っています。あそこで見つかった遺体は内陸にある紀州造林の倉庫に運び込んでいるので、明日はそっちの歯科所見作業をお願いできないでしょうか」

鵜住居町は二つ先の駅にある海辺の美しい町である。無人駅のすぐ近くには鵜住居川が通っており、土手には釣り糸を垂らして鮎釣りをする人々の影が点々とつづく。大槌町へ行くときはいつも陽が反射するその川を眺めながら通り過ぎたものだった。釜石歯科医師会に属する歯科医もクリニックを建てて住んでいる。そこが津波によって町ごと消滅したというのか。

「本当に鵜住居町は全壊、なのか」

「ええ。町が消え去っている状態です。残っている家がほとんどありません。一部まだ冠水しているのですが、すでに多くの遺体があがってきており、急遽紀州造林の倉庫を安置所にしたのです」

ここ旧二中に加えて紀州造林でも行うとなれば、自分一人では間に合わないのは明白だ。歯科医師会に所属する別の歯科医に協力を依頼するしかないだろう。だが、普段警察で身元確認作業を担当している歯科医は海沿いにクリニックがあったために津波の被害を受けており、あの日以来連絡が取れないままだった。

「他の歯科医にも協力してもらわなければな」と勝は言った。

「そうしていただけると助かります」

「わかった……なんとかしてみる」

夕方、勝は貴子を車に乗せて旧二中を離れた。国道に出ると被災したマチの方から自衛隊のカーキー色の車両が次々と引き返してくる。暗くなって、捜索活動を終えることにしたのだろう。

勝は家の前に到着すると、貴子だけを降ろした。

「先に帰っててくれ。俺、マチがどういう状況なのかこの目で確かめてくる」

海沿いの商店街は、本当にあれだけの死者を出すような大惨事に巻き込まれたのだろうか。自分の目で確かめなければ気が済まなかった。彼は車のエンジンをかけ直し、夕闇につつまれた国道を通って海を目指した。

感情を殺して――大谷貴子（歯科助手）

旧二中の体育館に並べられた遺体は子供から老人まで多くが歯を食いしばり、つよく目を閉じていた。まだ死にたくないとでもいうように手を突き出したり、手を握って縮こまったりしている。足元には濡れた衣服や所持品が大きなビニール袋にまとめられており、そこからうっすらとヘドロの臭いが漂う。

大谷貴子は震える手でペンを握り、「身元不明死体の歯科所見」と書かれた用紙の空欄を一つ一つ埋めていった。勝の出した所見を記していくのだ。朝からずっと緊張で体中の筋肉が引きつっていて指が思うように動かない。目の前では、勝が床に膝をついて遺体の口を舌圧子でこじ開けようとしているが、焦《あせ》るあまり何度も手を滑らせる。貴子はそんな勝の背中を見ているうちに心細くなり、「私が頑張らなきゃいけないんだ」と必死に自分を奮い立たせた。

この日の朝、鈴木歯科医院で勝に旧二中へ行くぞと言われたとき、貴子は津波の被害がこれほど深刻なものになっているとは想像もしていなかった。津波があったことは知っていた。同僚の歯科助手の親からの電話もあったし、ラジオニュースでは頻繁に報じていた。また、彼女の父は天理教の釜石分教会の会長を務めており、信者から入ってくる様々な情報を整理してボランティアの準備も進めている最中だった。多少の犠牲者は出ているだろうと覚悟していたため、勝に誘われたときも真っ先に自分も行って力になりたいと考えてついてきた。

だが、母校の体育館に足を踏み入れた途端につきつけられた現実は、生ぬるいボランティア精神を粉々に打ち砕くぐらいむごたらしいものだった。五十体以上の遺体が丸太のように何列にも転がされており、納体袋を開けてみると目の前に迫る死の恐怖にひきつれた叫びを上げたまま死んでいった人間の顔が次から次に現れるのだ。みんなわずか二日前まで同じ釜石の空気を吸って生きてきた人ばかりだ。港の夕景を歩いていたはずの人、デパートですれ違ったはずの人、店のレジに立っていたはずの人……。

貴子は高校を卒業した後、一度は都会に憧《あこが》れて釜石を離れ、東京の近郊で暮らしたことがある。海辺の田舎町の狭い人間関係に嫌気がさしたこともあった。しかし、何年か一人で働いてから釜石にもどってみると、船に掲げられる派手な大漁旗や、ハチマキを巻く漁師たちの荒々しい物言いが妙に懐かしく、肌に合っていることに気づき、今まで以上に生まれ故郷を愛せるようになった。以来十年以上、喜びも悲しみもすべてこの町とともにあった。その釜石が今こうした窮地に陥っている。そのことを思うと、怖気《おじけ》づいて逃げ出すことはできない。

そのとき、勝が困惑した顔をして言った。

「貴さん、この遺体の顔をしっかり押さえておいて」

遺体が死後硬直によって曲がっており、押さえていないと傾いて口腔をのぞくことができないのだ。貴子は、はい、と言ってペンを置き、両手で頭を支えた。

このように、死後硬直によって体がねじれたり、丸まったりしている遺体も多かった。体育館に運ばれてきた段階で警察や市の職員ができる限り伸ばしてくれるのだが、ものによってはビクともせずそのままの姿勢で置かれていたため、それらについては勝や貴子が作業の際に仰向けにしなければならない。

ただ、軽い子供の遺体ならともかく、七十キロも八十キロもある男性の遺体を支えるのは容易《たやす》いことではない。気を抜いた拍子に傾いてしまい、開いた口から体内にたまっていた水が漏れ出してしまうことがある。こうなると、再びティッシュを口腔に詰め込んで水分を取り除くところからやり直しになる。横向きにしたまま、見える範囲で所見を出すしかない場合もあった。

もともと歯科所見は歯科医によって多少の違いが生じるものだが、こうした状況ではそれがさらに起こりやすい。だが、それによって遺体の身元がわからないままになり、家族のもとに返せなくなってしまうかもしれないので妥協はできない。貴子は勝の診断にも遠慮なく疑問を呈した。

「ここ、勝先生はMODインレーだと判断していますけど、MOインレーのようにも見えます。もう一度見てくれませんか」

MODインレーやMOインレーというのは治療法を示す歯科用語である。歯科所見では、この結果とカルテを照合して身元の特定を行う。勝も自分の所見が大きな意味を持っているとわかっており、自信のないときは「そうかもしれないな」と素直に聞き入れて、もう一度調べ直す。だが、十体、二十体と進むにつれ、勝の目は泳ぎはじめ、言葉が途切れ途切れになることが増えた。訊き返しても答えようとしない。貴子は彼の体力が限界に近づきつつあることをわかってはいたが、鞭を打つように言った。

「勝先生、所見ははっきりと言って下さい。記入できませんし、そうなったら遺体の身元確認に支障が出ます」

貴子は今自分が踏ん張らねばという思いで私的な感情を押し殺して、作業の手伝いをつづけた。が、悲惨な遺体を前にして緊張の糸が切れて、私情が噴き出しそうになったことも一度や二度ではなかった。

たとえば、電信柱にしがみつきながら死んでいった遺体を支えていると、「この人、もっと生きたかったんだろうな。生きたそうな顔をしているな」と想像してしまう。自分と同じぐらいの年齢の女性が無念そうな表情を浮かべて死んでいると、「幼い子供のためにも死にたくなかったろうに……」と同情が増してゆく。貴子はかつて結婚していたことがあり、その頃に産んだ子供がいたこともあって、つい自分と重ねてしまうのだ。一瞬でもこうした思いが頭をかすめると、胸の奥で抑えていた感情が噴水のようにたちまち溢れだして、頭を抱えて叫喚したくなる。そんなときは、一人体育館の裏に出ていき、胸に手を当てて何度も深呼吸をするようにした。

昼になると、汚れた窓から射し込む陽が少しだけつよくなる。寒さが和らいだせいか、体育館には家族が一組また一組と訪れ、一列になって行方不明の肉親を探すようになった。ほとんどの家族が蒼い顔をして足音を忍ばせ、警察官や市の職員の後について遺体を見て回っている。そこには知り合いや町で見かけたことのある人もまじっていた。貴子は見てはどこか失礼だという気持ちから作業に没頭しているふりをしていたが、彼らの声は否が応でも耳に飛び込んでくる。

あるとき、貴子が勝の所見をメモしていると、すぐ近くで女性のか細い声が聞こえてきた。厚着をし、髪を乱した四十代の女性だった。警察や市の職員に伴われて、一体ずつ納体袋を開けて中身を確認している。

「違います……」「これも違います……」「いいえ……これも違います」

その声は遺体が肉親ではなかったという安堵感と、次こそ肉親かもしれないという怯《おび》えが入り混じって震えていた。それが数秒の間隔を置いて「違います」「これも違います」という言葉になってしんと静まり返る体育館に響いているのである。

貴子はペンを握りながら、どうか肉親が見つかりませんようにと祈った。だが、ある遺体の前まで来たとき、一瞬の沈黙の後に異様な叫び声が上がった。

「いーたー！」

女性はその場にうずくまり、肩を震わせて号泣しはじめた。ついに肉親を見つけてしまったのだ。

貴子は両手で耳を塞ぎたくなるのをこらえ、手元の用紙に目を落とし、今やっている作業に意識を集中させた。顔を上げて彼女を見れば、同じ悲しみの底に引きずり込まれてしまう気がした。

安置所を訪れる人々のなかには、妻を探しにきた若い男性もいた。貴子が手を休めてふと顔を上げると、二十代後半の男性がぽつんと女性の遺体の前に立っている。それは貴子と勝が少し前に所見を済ませたばかりの若い女性だった。二十歳ぐらいで眠るような顔で死んでいた。男性は彼女の夫なのだろう。

男性は横たわる女性の死顔を静かに見下ろしていた。目が充血し、唇が小刻みに震えている。しばらく黙っていたと思ったら、突然目を見開いて女性の遺体に向かって大声で叫んだ。

「起きろ！　ここで何やってるんだ！　早く起きろよ！」

安置所の空気が凍りついた。警察や市の職員たちは近づくべきかどうかわからずに固まる。彼は周囲の目など一切気にせず、涙をこぼし、遺体にすがりつくようにさらに叫びつづけた。

「早く起きろ！　帰るぞ。早くしろ！」

彼は妻が目を開けないことを悟ると頭をかかえ、崩れるようにすわり込んだ。

また、家族が自ら赤ん坊の遺体を安置所に運んできたこともあった。白髪の女性が生まれたばかりの孫を毛布にくるんでやってきたのである。生後わずか三カ月ぐらいの男の子だった。赤ん坊らしいまん丸い手や足は涙が出てくるほど愛らしいのに、肌は腐敗がはじまって土色になっている。警察官も市の職員も、こんな生まれたての赤ん坊まで命を奪われたなんて、と愕然《がくぜん》とした。

白髪の女性は孫を抱いたまま、入り口にいた警察官にかすれる声で言った。

「孫が死んでしまったのです。火葬の書類を書いてもらうために、ここにつれてきました。どうすればいいのでしょう」

津波による死亡者はすべて安置所で検案を行い、死体検案書を出すことになっていた。おそらく被災地にいた警察か自衛隊にそう言われて自分の手で運んできたのだろう。

白髪の女性は背中を丸めて言った。

「どなたにこの子を預ければいいのでしょうか」

貴子はそれを見て、彼女は両親の代わりに遺体を運んできたのかもしれないと思った。赤ん坊の年齢を考えれば、両親はまだ若い。その両親が、まだ首もすわらぬ我が子の遺体を自らの手で抱いて安置所に運べるわけがない。祖母である女性がそのつらい役割を代わったのではないか。

警察官たちは頭を下げて言った。

「御苦労様でした……ご遺体は火葬の日までこちらでお預かりいたします。病院や葬儀社には空きがなく、ここに安置することになっているのです」

警察官は遺体を受け取り、白髪の女性から名前や住所や死亡状況の詳細を聞いて書き記した。女性はうつむき、時折絶望に暗れた目で孫の遺体を見ながら答えていた。

この日、遺体をつつむ毛布の上に貼られた身元確認のメモの年齢欄には、誰が書いたのか次のように記されていた。

〈生後100日〉

本当に百日ちょうどに死んだのだろうか。だが、職員たちは何も言わず赤ん坊の傍を通るときに顔をそむけて、その痛ましい数字が視界に入らないようにした。

体育館に家族が出たり入ったりして泣き声が響くなか、貴子は下を向いて周囲の出来事に気づかないフリをして、勝とともに歯科所見の作業をつづけていた。時計を見ては「あともう少し」と自分を励まし、遺族の悲しみに巻き込まれそうになる自分を抑えようとする。だが、あるとき勝がふとどこかへ行ってもどってきたと思ったら、気まずそうな表情をしてこう耳打ちした。

「貴さん、吉原さんの遺体が運ばれてきたよ。今、奥さんと息子さんが来ている。行ってきな」

吉原は数店舗の呉服屋や洋服屋を経営していた六十代の男性だった。貴子は二十三歳で勝の歯科医院に勤めはじめる前に、一年弱彼の店で働いていたことがある。ちょうど東京から帰郷したばかりの悩みの多い時期で何度も長い時間にわたって相談に乗ってもらったこともあった。

貴子がふり返ると、傍らに吉原の妻や息子が立っていた。信じられない心境で歩み寄っていくと、床には吉原が生気のなくなった顔を上に向けて静かに横たえられていた。貴子は朝からずっとこらえてきた感情を爆発させるように叫んだ。

「社長、やめてよ！　なんでこんなところにいるのよ」

吉原は地方の港町にあっていつも都会風のおしゃれなスーツでめかし込み、他人の話に真剣に耳を傾ける人だった。職場でも、貴子のような若い従業員の意見を積極的に取り入れてくれた。父親のような存在だった。その彼が冷たくなって安置所の床に置かれている……。

「奥さん、なんで社長はこんなになっちゃったんですか」と貴子は涙声で訊いた。

吉原の妻はしゃくり上げながら答えた。

「夫は港の水門を閉めに行ったの。それが命取りだった」

「水門？」

「そう、夫は消防団員だったでしょう。だから地震の直後に水門を閉めに行ったのよ。

そこに津波が襲いかかってきて流されてしまったの……」

吉原は責任感のつよい男だったため、津波が来たと知って最後までなんとか釜石を守ろうとしたのだ。貴子はこの時ばかりはもう、こみ上げる涙を止めることができなかった。

夕陽が沈みかけ、体育館はしぼむように急に暗くなりはじめた。警察官が来て疲れた声で「今日の作業は終了にします」と告げた。貴子はうなずき、汚れた開口器や舌圧子をティッシュで拭いてからバッグにしまい、帰り支度を整えた。

貴子は片づけをしながらも、未だに自分がこの日見聞きした出来事を整理し切れていないことに気がついた。わずか八時間の間に目にした遺体や、耳にした遺族の悲鳴は本当にあったことなのだろうか。特に吉原の死顔を見てからは手足に力が入らずにあらゆることが遠く離れた場所での出来事のように思えてならなかった。

暗くなった体育館を貴子が疲れ切った面持ちで歩いていると、正面左手に五十歳ぐらいの女性が床にへたりこんで尻をついていた。昼から何時間も同じ場所にいる。目の前に横たわる七十歳ぐらいの遺体は母親らしい。傍に寄り添っていたい気持ちはわかるが、館内はどんどん暗くなってきており、閉館の時間が迫る。貴子は放っておくわけにもいかず、近づいて声をかけた。

「今日はこれで体育館を閉めてしまうそうです。明日も来られますので、そろそろお帰りになりませんか」

女性は視線を泳がせたまま黙っていた。貴子がもう一度言うと、力のない声でボソッと答えた。

「私、ここにいます。ずっと母の傍にいてあげたいんです」

「だけど、体育館は真っ暗になってしまいますし、警察も帰ってしまうんですよ。わかってください」

「じゃあ、母をつれて帰ります。ここには置いておけないから。今は家を流されて避難所で暮らしているので、そこへ運んでいきます」

「避難所には遺体を運び込めませんよ……」

「でもそうしたいんです。お願いします」

女性は母親を一人にはさせまいと、決して首を縦にふろうとはしなかった。警察官や市の職員が見るに見かねて集まってきた。貴子の代わりにできるだけやさしい口調で説得にあたる。だが、女性は目を赤くして首を横にふった。

「私、母をつれて帰ります！」

母親から一歩も離れまいと決意を固めているのだろう。警察官や市の職員たちは途方に暮れた表情でお互いを見やった。

むなしい作業の連続——鈴木勝（釜石歯科医師会会長）

歯科所見二日目となる十四日の朝、釜石市内のガソリンスタンドの前には、車の長蛇の列ができていた。ガソリンやストーブの燃料がなくなり、休業中のガソリンスタンドの前に住人たちが列をつくり、開くのを今か今かと待っていたのだ。食糧も底をつきはじめ、スーパーマーケットやコンビニエンスストアの前にもいら立った顔の客があふれている。

勝は国道の脇の行列を横目に車を運転し、貴子とともに旧二中へ向かいながら、タンクに入っていたガソリンの残量が気になった。警察に緊急車両に指定してもらい、ガソリンの補給を優先してもらわなければならないだろう。

旧二中に到着すると、雑草が茂る校庭には、歯科医である福成和幸が寒そうに身を縮こまらせて待っていた。福成は釜石歯科医師会の副会長であると同時に、社会人ラグビー部の応援団長を務めていた。釜石には地域共生型のラグビーチーム「釜石シーウェイブス」があり、市の象徴ともいえる存在だ。彼はサポーターをひとつにまとめ、大きな試合ともなると緑の芝が植えられたグラウンドに駆けつけてチームの旗をふりながら声援を飛ばしたものだ。実は旧二中で初めて歯科所見を行った日の夜、勝は一人で作業をつづけるには限界があると判断し、この福成のもとを訪れ、事情をはなして協力を要請していたのである。

勝は約束通り来てくれたことに胸をなで下ろすと、福成にお礼を言って体育館へと入っていった。シートが敷かれた床に並べられた遺体の数は、昨日最後に見たときより多くなっていた。昨夜や早朝のうちにも十体ほどが運ばれてきたのだ。もうそろそろ足の踏み場すらなくなってくる。勝は昨日の夕刻に初めて足を踏み入れ目にしたマチの光景を思い出した。瓦礫がつみ重なる廃墟には人影がなく、すさまじい数の鴉《からす》が群れて飛び交っていた。震災から四日目にあたる今日あの場所に生き残った者がいるとは思えない。行方不明者の大半は命を落としているだろう。自衛隊や緊急援助隊が増員されれば、さらに多数の遺体が運ばれてくるはずだ。

体育館の入り口には県警の担当者が立っていた。勝は彼のもとに福成をつれていき、こうつたえた。

「今日は福成先生と二人体制で行おうと思います。ただ、紀州造林の新しい安置所へも行くのだとしたら、ここに当てられる人員は昨日と同じ一名だけですが、足りますかね」

昨日より多くの遺体が見つかる可能性は高い。県警の担当者は難しい顔をして考えた。

「そうですね。口腔の確認作業をするのは、身元不明の遺体だけにした方がいいかもしれない。すぐに検討してみます」

本来、遺体の身元が明らかであれば歯科所見を行う必要はないが、今回は念のためにすべての遺体に対して行っていた。もし身元不明者だけに限ることができれば大幅に手間が省ける。

勝は福成の方を向いた。

「俺は紀州造林に行ってきますので、福成先生には旧二中をお願いしてもいいですか。紀州造林が終わったらすぐにもどってくるので」

福成はうなずいた。

「大丈夫だ。ここは僕に任せてくれ。二手に分かれてやろう」

勝は福成に旧二中を託すと、貴子をつれて校庭に止めてあった車に再び乗り込んだ。

鵜住居町へつながる国道四五号線は一部津波で道が破壊されていると聞いていたため、内陸側のバイパスを通っていくことにした。

山間部を抜けるバイパスは鬱蒼とした森に囲まれており、冷たい空気には草や土の匂いがまざっている。枯れた葉が道につもり、風が吹く度にざわめいては流れていく。アクセルを踏んでいると道端を歩く人の背中が見えた。こんな山奥で人の姿を見かけるのは珍しかったが、最初は先を急いでいたこともあり大して気に留めることなく通り過ぎた。

だが、少し先に行くとまた別の人たちが一列になって頭を垂れるようにしてトボトボと歩いていた。さらに進むとそこにも数人がいる。どうしてこんな場所を大勢の人が徒歩で過ぎようとしているのだろうか。

トンネルは電気が消えて真っ暗で、排気ガスが火災の煙のように充満していた。勝は窓の隙間から入り込む悪臭に耐え、ヘッドライトを点灯させる。すると、今度はトンネルの端を四十代と七十代の男性の親子が歩いているのが見えた。一体どうなっているんだ。

勝はブレーキを踏むと二人を呼び止め、なぜトンネル内を歩いているのか、と尋ねた。男の一人がふり返って答えた。

「実家が吉里吉里にあるんです。津波で相当な被害を受けたらしく、家族とも連絡が取れません。車もなければ、電車も止まってしまっている。それで、徒歩で実家まで行って、家族の安否を確かめようとしているんです」

耳を疑った。吉里吉里までは鵜住居町や大槌町を経て十五キロ近い距離がある。これまで見かけたバイパスを歩いていた人たちは、この二人と同じようにみんな十キロ以上も歩いて、被災した親戚や友人の家へと向かおうとしているのだろうか。勝は気の毒に思い、後部座席に親子を乗せて途中までつれていくことにした。

紀州造林にたどり着いたのは十時頃だった。正式名称は紀州造林釜石工場。木材の加工などを手掛けている工場だ。海から内陸に四キロほど入った山の麓にあって津波の被害を免れたため、釜石市がここの倉庫を安置所として借り上げ、海辺の被災地で発見された遺体を収容していたのである。

紀州造林の安置所はむき出しの柱や古びた天井が目立ち、いかにも倉庫といった雰囲気で殺伐としていた。埃っぽい床には遺体が乱雑に並べてあり、数人の警察官や市の職員が腰を落として身体の特徴や所持品の確認作業を行っている。旧二中に比べると遺体の数が少ないのは、鵜住居町では水が引きはじめたばかりで遺体捜索が遅々として進んでいないせいだった。

勝は安置所の担当者に挨拶をし、旧二中で要請を受けて歯科所見の作業に来たとつたえた。担当者はほっとした表情で言った。

「ありがとうございます。旧二中とは違って、ここは人手が不足していて、検案や歯の確認が進んでおりません。お手数をおかけしますが、現在集められている遺体を順番にお願いできればと思います」

勝は余計な話をせずに、貴子に命じてすぐに作業に取りかかることにした。午後には旧二中へもどらなければならず、一分でも早く終わらせたい。

二人は昨日と同じ要領で端から順に口腔を調べていった。この日は初日の反省もあり、硬い床に直接膝をつかなくていいように、座布団を一枚用意してきた。それを床に敷き、上からのぞき込むようにして歯の一本一本を診ていく。

紀州造林の安置所は朝から家族が入れかわり立ちかわりやってきて騒然としていた。町そのものが水没し、建物など一切が残されていなかったため、家族は肉親が生きているという希望を早々に捨てて、安置所に直行したのかもしれない。土地柄なのか、鵜住居の人々は遺体を見つけると子供のようにその場で感情を噴き出させて、旧二中の遺族とは比べものにならないぐらい大きな声で泣いたり、叫んだりした。

たとえば、ある五十代の女性は安置所に来てすぐに息子の遺体を見つけ出した。二十歳そこそこで、人生これからという年齢だ。母親は息子の遺体を見た途端、かがみこんでこう怒鳴り散らした。

「あんた、なんで死んだんだ！　なんでだよ！　こんな短い人生でいいと思っているのかァ！」

何度も罵倒《ばとう》するように叫び、声を上げて泣きはじめる。

他の家族も肉親の遺体を見つけると同様にすがりつき、倉庫中に響き渡るぐらいの声で号泣し、喚《わめ》き散らした。床や膝を叩いて嗚咽する者もいた。その声は作業を行っている勝の耳に突き刺さるように響いた。鵜住居町は釜石のマチと比較すると良くも悪くも田舎の集落であるぶん、住民には感情をあらわにすることに対するてらいがないのかもしれない、と勝は思った。

紀州造林では家族の慟哭《どうこく》があたり前だったため、心に焼きついたのは逆に肉親の遺体を目にして抜け殻のようになっている男性の姿だった。彼は三十代の半ば、被災地で行方不明の妻を探していたところ、知り合いからすでに遺体が見つかったと教えられた。それで紀州造林に運ばれたと聞いて引き取りに来たのである。警察に妻の特徴を説明しているときもあやふやな口調で、自分でも何をしゃべっているのかわかっていないようだった。

やがて彼は警察官に伴われながら床に並べられた遺体を一体ずつ見て回ることになった。だが、どの遺体を見ても「違います」「違います」と答えている。運び込まれていることはたしかなのに見当たらない。念のためもう一度初めから確認してみたものの、結果は同じだった。

警察官は困惑して「もう一度奥さまの特徴を教えていただけますか」と尋ねた。すると男性は沈んだ声で答えた。

「妊婦なんです……妊娠しているんです」

警察官は死亡者リストを見て言った。

「では、＊＊番の遺体ではないんですか。妊娠しているようですが」

番号のふられた納体袋をもう一度開けてみると、お腹を大きく膨らませた女性が横たわっていた。男性はじっとそれを見下ろし、しばらくしてから消え入るような声で答えた。

「あ……妻でした」

それっきり無言で立ちすくんでしまった。よく見ると、男性の目はまったく焦点が合っていない。妻とお腹の子を同時に失った動揺で、目の前にある妻の顔を認識することすらできなくなっていたのだ。夫が突き落とされた悲嘆の深淵《しんえん》を垣間見《かいまみ》た気がした。

勝は遺族たちの哀哭を間近で見聞きしながら遺体の口腔を調べ、所見を書き記していったが、次第にこんなことをして意味があるのだろうかという疑問に苛《さいな》まれるようになった。歯科所見による身元確認は、ときとしてＤＮＡ型鑑定よりも有用であるともいわれている。だが、それは身元不明者のカルテや歯型のレントゲン写真が残っていて照合できてこそである。今回は津波によって歯科医院ごとそれらの資料が流されてしまっているため、歯科所見を出しても照合ができない可能性がある。

——何もかも流されてしまったのだとしたら、今俺のやっていることは全部無駄に終わるんじゃないか。

何度もそんな疑念が脳裏をかすめた。だが、同時に勝はそれを口に出せば心を支えていたものが折れてしまうと直感していたため、喉もとで飲み込み、自分をだましだまし作業をつづけるしかなかった。

昼を過ぎた頃、勝は一旦紀州造林での作業を切り上げて、釜石の中心部へ引き返すことにした。明日以降も鵜住居町を初めとした周辺集落からは多くの遺体があがると思われたため、今日のうちに被災した歯科医にも協力を呼びかけ、作業にあたれる要員を確保しておかねばならないと考えたのである。

森に囲まれたバイパスを通って山を越えると、マチへと抜ける道路で兵庫県警の警察官が通行止めを行っていた。まだ封鎖がつづいているのか。勝は警察官に歯科医師会のジャンパーを見せ、「保健センターへ急用がある」とごまかして検問を通り抜けた。

マチのメインストリートには前日の夕方に見たときと同じように瓦礫が何メートルもつみ重なっており、悪臭が漂っていた。自衛隊がチェーンソーをつかって瓦礫を切り崩したり、担架に乗せた遺体を運んだりしている。傾いた家屋がすさまじい音を立てて砂煙とともに崩れていく。ヘリコプターの音がかまびすしい。

勝が途中で車を止めて徒歩で向かったのは、釜石歯科医師会の専務理事を務める工藤英明の自宅だった。嬉石町《うれいしちょう》にあった工藤歯科クリニックは基礎を残して丸ごと流されてしまったが、大町にある自宅はわずかに高いところに位置していたため一階が浸水しただけで倒壊を免れていた。震災が起こる前まで何年も釜石警察署に協力して変死体に対する歯科所見を行っていた工藤には、どうしても力を貸してもらいたかった。

彼の家は、元は病院だった大きなコンクリート造りの実家の裏にあった。医師だった親が昔ここで開業していたのだ。実家の回りにはヘドロを被った瓦礫が散乱しており、駐車場の塀が崩れている。押し寄せる波が車や瓦礫とともにここまで達したのだろう。勝はコンクリートの破片や衣服を跨いで駐車場の前に立つと、裏にある二階建ての自宅に向かって大きな声で呼びかけた。

「工藤いるか！　いたら出てきてくれ！」

少しして眼鏡をかけた工藤が姿を現した。頬の肉がこけて、目が虚《うつ》ろだった。ろくに食事も取っていないのだろう。勝は申し訳ないと思いつつも切り出した。

「無事でよかった。実は、昨日から県警の依頼で安置所につめて歯科所見の作業を行っているんだ。まったく人数が足りないので、おまえの力をかしてもらいたい」

工藤は浮かない顔をして首を横にふった。

「無理だよ……今はクリニックも流され、家もこんな状況なんだ。到底そんなことをする余裕はない」

「けど……」

「車まで流されているから、たとえ行きたくても行けないんだ。わかってくれ。これから親戚のところに身を寄せようと思っている」

勝は無理に強いることを躊躇《ちゅうちょ》した。

「そうか。今度また来るから、それまでに考えておいてくれ」

この日は引き返すことにしたが、胸のなかでは諦めていなかった。この難局を乗り越えるには、釜石で生き残っている歯科医全員で連携して遺体を診ていくことが不可欠だ。工藤には被災者である前に、歯科医として釜石のために尽力してもらわねばならない。

車にもどって時計を見ると、十五時になっていた。そろそろ旧二中での作業も追い込みにかかっているはずだ。勝は貴子と顔を見合わせてからキーを差し込み、国道二八三号線に車を走らせた。

旧二中の校庭には、県警のパトカーが十数台停車しており、その後ろには一般の乗用車が何台か止まっていた。旧二中にも遺体確認に来る遺族が少しずつ増えはじめているのだろう。体育館の入り口に設置された家族対応のための机の周りには、増員された警察官が集まっている。

勝が体育館に入っていくと、遺体の数は今朝に比べてさらに二、三十体は多くなっていた。床に置き切れなくなった遺体はステージにまで運び上げられ、そこで医師による検案が行われている。見回すと、歯科医の福成が膝をついて遺体の口腔をミラーをつかってのぞき込んでいた。ゴム手袋や上着が砂で汚れている。福成は釜石シーウェイブスの応援を通じて知人も多い。この日診た遺体のなかにはその関係者や患者がまざっていたかもしれない。頭が下がる思いだった。

新たに運び込まれた遺体は隅の方で納体袋に入れられてまとめられ、身元確認のための作業を待っていた。まだ体についているヘドロが臭っている。勝がそれを一体ずつ確かめていくと、古くからの友人である野中の遺体を見つけた。野中は港の傍でテントや船舶の艤装品《ぎそうひん》を扱う店を経営している四十代後半の男性だった。今時珍しいほど実直で情の深い性格で、勝は彼に仕事の相談に乗ってもらったことが度々あった。前日に行方不明だとわかった信彦につづいて親友がまた犠牲になったなんて。

「おまえまで死んじまったのかよ……」

勝は野中の遺体を見下ろしながら首を横にふった。かつて居酒屋で腹を抱えて笑い合い、泥酔《でぃすい》して騒いだ日の記憶が蘇《よみがえ》ってくる。若い頃は月に何度も飲む仲だった。愚痴を言いたくなったとき、誰を誘えばいいんだよ、バカ野郎……。胸にまた一つぽっかりと大きな穴が空いた。

勝がもどってきたことに気づいて岩手県警の担当者がやってきた。彼は事務的な口調で言った。

「ここの安置所は今夜か明日には満杯になってしまいます。そこで急遽旧小佐野中の体育館を新たな安置所にして、今後はそちらに新たに見つかった遺体を運び込んで身元確認を行うことにしました」

旧小佐野中学校は、旧二中と同じ年に廃校になった学校であり、釜石駅より一つ内陸寄りの小佐野駅近くにあった。小学校と隣接しており、斜め向かいには税務署や図書館があり、周辺の人通りは旧二中のあたりよりはるかに多い。だが、火葬場が停止していたために旧二中に置き切れなくなったことで、そうも言っていられなくなったのだ。

「そうですか……じゃあ、ここ旧二中と紀州造林に加えて旧小佐野中にも歯科医を派遣しなくてはならないんですね」

「そうなります。大丈夫でしょうか？」

「震災前から遺体の歯科所見を担当していた工藤には断られました。しかし、もう少し粘ってみるつもりです。彼は車がないから来られないと言っていたから、こっちで用意すれば何とかなるかもしれない。他の先生方にも協力を頼んでみます」

工藤には盛岡に住んでいる娘の車を貸すつもりだった。誠意を見せれば立ち上がってくれるだろう。それ以外にも最低四、五人は必要だったため、他の被災した歯科医にも頭を下げて頼み込まなければならない。

陽が暮れはじめたのか、曇った窓の外に広がる雲が夕焼けに染まった。勝が何気なくふり返ると、野中の遺体の前に一人の女性が立っていた。彼女はじっと野中の死顔を見つめている。野中の妻だった。きっと夫の死を聞きつけて探しにやってきたのだろう。普段からおしどり夫婦として知られていた。勝はどう声をかけていいものか悩んだ。

そのとき、妻は野中の遺体の前にかがみ込み、やさしい声でこう語りかけた。

「あなた、お疲れ様でした。本当に、お疲れ様でしたね」

なぜ労《いたわ》りの言葉をかけているのだろう。だが次の瞬間その理由に思い当たった。野中の店のすぐ近くには実家があり、そこには体を悪くして動くことができない母親が暮らしていた。津波警報が鳴ったとき、親思いの野中は母を見捨てることができずに家に留まって助けようとし、命を落としたにちがいない。だからこそ、妻は最後まで母親を救おうとした夫に「お疲れ様でした」と囁《ささや》いたのではないか。

思わず、目に涙が溢れてきた。こんな夫婦のあり方が羨《うらや》ましかった。野中の奴《やつ》は幸せ者だと思った。

焼け焦げた無数の遺体――工藤英明（釜石歯科医師会専務理事）

三月十六日、旧小佐野中の体育館の窓には、雪がうっすらとついていた。この日になって急に季節外れの大粒の雪が降りだし、新設されたばかりの安置所を白く染めたのである。窓の隙間から冷気が入り込んでくる。

底冷えのする体育館で、歯科医の工藤英明は遺体の口腔を開き、歯科所見を行っていた。唇が半分しか開いていないため、金属製のミラーが歯に当たるカチカチという音がくぐもって聞こえる。工藤は目が細く神経質そうな容貌をしているが、情に厚く面倒見がいいタイプだ。これまでも釜石警察署の管轄地域で行われる歯科所見作業を長らく引き受けてきた。だが、そんな彼にとってもこれだけの遺体が並ぶ光景を目にするのは初めてだった。

旧小佐野中には、浜町や嬉石町など瓦礫の撤去が後回しにされていた地区で見つかった遺体がどんどん運び込まれていた。体育館の裏に白いテントが張られ、遺体はまずそこで警察官によって体についた泥を洗い落とす作業が行われる。それから検案や歯科所見へと流れていくのは、旧二中での一連の工程を踏襲したものだったが、異なるのは医師や歯科医の数が増えたことで作業を分担したり、判断のつきにくいものについてその場で話し合ったりしながらできるようになったことだ。

また、遺体の状態も少しずつ変化していた。納体袋に入れられた遺体は、死後五日が経ち、死後硬直がゆるみはじめるようになった。脂肪の多い女性から順に柔らかくなりだし、筋肉質の男性でも少しずつだが顎《あご》が動くようになった。この頃になると、開口器を使用するか、両手をつかうかすれば、大抵の遺体の口は半分ぐらいまでは開くようになっており、工藤はミラーの汚れをふき取ってはそこに差し込み、ライトで照らしながら一本ずつ歯の状態を確かめていった。

工藤は歯科医師会から借りた器具で作業を進めていたが、時折自分のクリニックが流されたことを思い出して憂鬱な気持ちになり、手が止まることがあった。クリニックは彼の人生を支えるものであり、これまで寸暇を惜しんでつみ上げてきた信用で成り立っていた。それがたった一度の津波で跡形もなく崩れ去った。国からの補助金が出たとしても、レントゲンなどの機器を買いそろえて開業するとなると最低でも四、五千万円の資金が必要だ。廃墟となった土地で一からすべてを整えて新規の患者を集めるには、四十九歳である自分は歳《とし》を取り過ぎている。これから先のことを考えると、何を目指して歩んでいけばいいのだろうか。

それでも工藤が安置所に来ることを決断したのは、勝からくり返し協力を要請されたためだ。最初は断ったのだが、その後勝は盛岡に暮らす娘の乗用車を持ってきて「車がないならこれをつかってくれていいから手伝ってくれ」と頭を下げられた。聞けば、同じく被災した鵜住居町や大渡町の歯科医も参加することになっているという。工藤は釜石歯科医師会での専務理事という立場もあり、さすがに彼らに任せて自分だけやらないわけにはいかないだろうと思った。それで十六日から勝たちのチームに加わり、旧二中と旧小佐野中を回ることにしたのだ。

雪は夕方に近づくにつれ少しずつ激しくなっていた。旧小佐野中の体育館は古く、門を入ったところに遺体搬送班のトラックが止まると、雪化粧した窓ガラスが小さくビリビリと音を立てる。工藤はかじかむ指先に息を吹きかけて歯を診ていったが、これまで警察署でやってきた方法とは明らかに違っていた。

一般的な歯科所見では、警察署に二人の歯科医が呼ばれて一人ずつ別々に診て所見を出す。次にその二つの所見を照らし合わせて意見の食い違いがあれば、話し合いによって訂正して最終的な意見をまとめる。そして最後にカルテやレントゲン写真の記録と合致するかどうかを調べ、一体につき三十分ほどかけて確認を終えるのである。

一方、今回安置所で行われていた作業では、一名の歯科医が数分で口腔を診るだけで、その結果がすぐにカルテやレントゲン写真と照合されて身元確認が行われるわけではない。自分が出した所見が後でつかわれるかすらわからないのだ。それを考えると、被災して生活の見通しも立っていないのに、はたして自分はこんなところにいる場合なのかという疑問が膨らんだ。それに、体育館の隅で被災を免れた歯科医たちがポケットに手を突っ込んでのん気に津波の噂話《うわさばなし》などをしているのを見て恨めしく感じることもあった。

工藤は安置所を歩いていると、遺体や死亡者リストのなかに、自分の患者が交じっていることがあるのに気がついた。嬉石町にクリニックがあったため、通院してくれていた患者が数多く被災していたのである。

「ああ、この人もか……何年もうちのクリニックに来てくれたよな。膝が悪いっていってたっけ。幼い孫がいたんじゃなかったっけな。でも亡くなってしまったんだなァ……」

患者の大切な命が失われたことに落胆するとともに、自分だけが生き残っても、クリニックを再建することが不可能に近いと突きつけられたような気がした。

十六日に次いで十七日にも、工藤は旧小佐野中に派遣され、作業を行った。勝の他歯科医の仲間がいたため一人が担当する人数はそれほど多くはなかったが、遺体に触れたときに感じる冷たさだけは耐えられなかった。診察用の薄いゴム手袋をはめて、左手で遺体の唇をめくり上げ、右手でミラーや舌圧子を持って口腔をのぞく。すると、唇や肌が凍りついたように冷え切っており、それが薄っぺらいゴムを通してつたわってくるのである。雪の降る被災地に野ざらしにされていたせいなのだろう、長時間触れていると凍傷のように指先が痺《しび》れて感覚がなくなるほどだった。工藤は我慢できなくなって、初めに軍手をはめ、その上にゴム手袋をして作業を行うことにしたが、それでも完全に遮ることはできなかった。

不思議なことに、安置所で多くの遺体に触れるにつれて、工藤の心は落ち着きを取りもどしていった。被災した土地にはまだまだ犠牲者が冷たいまま埋もれており、家族が必死に探しても見つからないものも多い。自分のしている作業が死者を家族のもとへ帰すことにつながるのだと考えると、クリニックを失った自分にもまだやれることはあるのではないかと思えるようになった。

事実、遺体の身元確認において、被災地にクリニックを立てていた自分の存在意義は大きいはずだ。歯の治療や入れ歯のつくり方は、歯科医によってかなり癖がある。たとえば、嚙《か》む溝の部分の彫り方だとか、歯の裏の仕上げ方などは個々によってまったく違い、一目見れば自分の患者かどうかがわかる。したがって、もしカルテが流されていたとしても、歯を調べれば死者がどこのクリニックに通っていたかが判明するわけで、それが身元確認をする上で大きな影響を及ぼすとも考えられる。工藤は遺体の歯が入れ歯だとわかると、外して置いておき、他の歯科医に見てもらえるようにした。口腔に入れたままにしておくより、一人でも多くの人に見てもらった方が身元確認の手がかりになるからだ。

工藤は冷え切った遺体に触れては、こう語りかけた。

――いつかきっと家族のもとに帰れるからな。俺もがんばるから、もう少しだけ辛抱してな。

そのとき、近くで誰かが悲鳴のような声を上げた。ふり返ると、女性が子供たちとある遺体をとりまいて嗚咽していた。肉親が見つかったのだろう。工藤はミラーを握ったままそれを見て、亡くなった人たちや遺された家族に比べれば、自分はクリニックを流されても生き残ってここで働いていられるだけ幸せなのかもしれない、と思った。ならば同じ土地で未だに苦しんでいる人たちの力になることが自分に課せられた役割ではないか。そう考えると暗い闇《やみ》の向うに小さな光を見出《みいだ》した気がした。

三月二十日の朝は、空が淡青色に晴れ渡り、久しぶりに小鳥が元気にさえずった。地面の下から虫たちが這い出てきて体育館の壁をよじ登っていく。春の足音が確実に近づいてきているのだ。

朝の九時過ぎ、工藤は釜石歯科医師会の仲間とともに車に乗り込み、国道四五号線を通って大槌町へと向かっていた。この朝、旧小佐野中の門の前で勝をはじめとした釜石歯科医師会の仲間とミーティングをしたところ、隣接する大槌町での歯科所見作業が遅れているため、そちらの安置所へ行かなければならないと言われた。大槌町には勤労青少年体育センター、大槌中、旧小槌小、吉里吉里中という計四カ所の安置所が設けられていた。そこで、二人ずつ四チームに分かれて出発することになったのである。

工藤が車で訪れたのは、大槌川沿いにある大槌中だった。山の麓の緑につつまれており、相撲などスポーツが盛んな学校だった。海から二キロ離れていたが、津波は川を逆流するようにして押し寄せ、校舎の一階部分にヘドロとともに流れ込んできていた。正門の付近には瓦礫や折れた樹木が散らばっており、かろうじて崩壊を免れた体育館が安置所になっている。

校庭にいた警察官たちに挨拶をして体育館へ入ってみると、想像すらしていなかった惨憺《さんたん》たる光景が広がっていた。焼け焦げて真っ黒になった遺体が腕や足を曲げたまずらっと並んでいたのである。体の一部だけが焦げている者、軽く焼けて赤黒く火傷している者、全身が炭と化している者など様々だった。それらが納体袋に入れられることなく、むき出しの姿で横たわっていたのだ。館内には、人間が焼けた酸味のある焦げ臭さが充満している。

安置所の担当者が説明した。

「大槌町では津波の後に火災が起きて町が炎につつまれたため、散らばっていた遺体の多くが焼けてしまったんです。現在運ばれてきている遺体の七割から八割は炭化していると考えてください。それらは顔の見分けがつかないため、ほとんど身元がわかっていません」

大槌町は山から注ぐ大槌川と小鎚川に挟まれた、人口約一万五千人の穏やかな漁業の町だ。毎年九月には男たちが神輿をかついで川を渡り歩く大槌まつりがくり広げられる。その町が劫火《ごうか》の海と化し、一晩で真っ黒な焦土になってしまったのだ。

工藤が安置所を回ってみると、真っ黒に焼けた遺体の他に、腕だけが転がっていたり、頭だけが置かれていたりしていた。ガス爆発によって吹き飛ばされたか、波に流された何かにぶつかってちぎれたかしたのだろう。そしてそれらは一様に小さく縮んでおり、炭の塊に砂がついているような状態だった。人なのか動物なのかすら区別がつかないものもある。釜石の安置所とのあまりの違いに、戸惑いを隠し切れない。

「人間の身体って、こんなになってしまうのか……」

そうつぶやくことしかできなかった。

工藤は気持ちを切り替え、手袋をはめて作業を開始することにした。ここの遺体は釜石の安置所のように警察によって洗われていることはなく、運び込まれたままの姿勢でバラバラに置かれていた。口腔の確認をする前にまず体の向きを変えなければならないのだが、遺体が炭化しているために下手に力を入れると首や胴体が折れてしまう。そのため、ひどくもろい薪《まき》の燃え残りを扱うようにそっと持ち上げなければならなかった。

次に遺体の顔の横にしゃがみ込み、唇をめくり上げるのだが、このときも注意が必要だ。唇が前歯に焦げついていて、無理をすると顔の皮膚までもが一緒に剝がれてしまったり、割れて取れてしまったりする。脂汗《あぶらあせ》を浮かび上がらせ、緊張で震えそうになる指先でそっとつかんでめくっていく。

——焦るな、焦るな。

自分にそう言い聞かせる。

ようやく口が開いても、ほとんどの歯は灰で黒くなってしまっている。今度はそれを指先で一本ずつ磨いていく。あまり強くやると歯茎そのものが削《そ》げてしまうので、力を加減しながら進めていく。工藤は全神経を研ぎ澄ませた。

大槌中の体育館に置かれていた三十体の遺体のうち二十体は焼け焦げて激しく損傷していた。大勢の家族がやってきてそのなかから行方不明の肉親を探し回るものの、状態があまりにも悪くてなかなか見つけ出すことができない。所持品が焼け、顔が炭化していると、いくら身内でも判別をつけることが不可能なのだ。

工藤は肉親を見つけられずに帰っていく家族のやるせない顔を見るにつれ、どうにかしてこれらの歯科所見をしっかりと残さなくてはならないと思った。焼けた遺体には所持品も遺されていないことが多く、ＤＮＡ型鑑定さえも難しくなる可能性がある。

そのときこそ、歯科の身元確認が力を発揮するはずだ。

――待っていろよ。なんとか家族を見つけてあげるからな。

工藤は一心不乱に真っ黒になった遺体の唇をめくり、灰を落とし、歯を調べていった。いつの間にか、自らの被災を嘆く気持ちが薄れていた。今はとにかくつらい状況にある犠牲者たちのために全力を尽くしたい。それをつづけていけば自分にとっても新しい道が拓《ひら》かれるのではないか。

そんな思いで工藤は黒焦げの遺体の歯をライトで照らしていった。

第四章　土葬か、火葬か

棺を三千基用意する——土田敦裕（サンファミリー）

震災の翌日にあたる三月十二日の夜、サンファミリー釜石典礼会館のチーフディレクターの土田敦裕は前日から一睡もしないまま、街灯の消えた国道を走って鎌田葬祭会館へ向かっていた。国道沿いの家屋は、不気味なほど静まり返っている。たまに懐中電灯を持って闇のなかを歩いている住人を見ると、昨日起きた出来事が夢ではなく本当だったのだと改めて思う。

土田にとって鎌田葬祭会館を訪れるのはこの日が初めてだった。釜石には三つの葬儀社があり、トップの三浦葬儀社につづいてサンファミリーと鎌田葬祭会館は№２の座をかけて競争をくり広げており、これまで手を取り合って一緒に何かをするということはなかった。弱冠三十七歳で責任者を務める土田にとってはずっとライバル社という認識だった。

だが、この夜は事情が違った。震災が発生して丸一日が経った午後、鎌田葬祭会館の担当者が事務所にやってきて、津波によって出た死者への対応を市とともに協議するから二十時に店へ来てほしいと言ってきたのである。犠牲者が予想以上の数に上り、残された葬儀社だけではどうにもできないので自治体と連携して今後の方針を決めたいという。土田はその場で了承した。

震災が起きた十一日、土田はマチにあった支店で、全国のグループ店の責任者とテレビ会議をしていた。大きな揺れが襲ってきたのは、それが終わった直後だった。マチには津波警報が鳴り響き、消防団がポンプ車を走らせて避難を呼びかけている。

これはただごとではない。土田は即座に車に飛び乗ると、内陸部の野田町にあった葬祭ホール「典礼会館」へ向かった。そこには葬儀の準備をしている従業員が数名いたため、安否を確認しに行ったのだ。幸いなことに典礼会館の建物も従業員も無事だったものの、まさにその頃津波は先ほどまでいた支店を襲っていた。建物の一階部分は完全に破壊されてあったものはことごとく流された。そして、このとき外回りをしていた従業員たちからの連絡も途絶えた。

土田は典礼会館に残り、数人の従業員とともに緊急の対応にあたることになった。会員からの問い合わせ、被災地や病院で出た遺体数の確認、あるいは従業員との連絡などに奔走したのだ。だが、被害の大きさが明らかになればなるほど、今回の大規模災害によって出たすさまじい数の死者の葬儀を自分たちの施設だけで受け入れて乗り越えることは到底不可能だと認めざるを得なかった。だからこそ、土田は鎌田葬祭会館から提案を受けたとき、即座に同意して手を組んで立ち向かっていくことにしたのである。

鎌田葬祭会館は、国道から少し脇道に入った釜石線沿いの細い道にあった。二階建ての白い建物で、その奥が倉庫になっている。会館には、この店の専務や従業員の他、市の職員たちが集まっていた。停電のため、葬儀でつかう蠟燭に火をつけて灯りの代わりにしていた。みな震災が発生してから夜を徹して対応に追われてきたらしく、目が充血してクマができている。空気が薄いと感じるほどの息苦しさがあった。

話し合いがはじまると、市の職員はこう切り出した。

「ご存じだと思いますが、昨日の津波によって大勢の人が亡くなりました。市内の死者数は千人を確実に超えると考えられており、もしかしたら二千人、三千人という数になるかもしれません」

土田は耳を疑った。二、三千人といえば、釜石市の総人口の十五人に一人ぐらいの割合だ。それが一瞬にして命を落としたというのか。通常、人が死亡した場合、葬儀社が病院などから遺体を引き取って火葬までホールで安置することになっているが、それだけの数を一度に収容することは物理的に不可能だ。

市の職員はつづけた。

「葬儀社でこれだけの遺体を預ることはできないと思います。したがって、当面は市で用意した旧二中の安置所で火葬まで一括して保管することにします。サンファミリーさんと鎌田葬祭会館さんにはこれらの遺体を安置所から火葬場へ送るまでの作業をお願いしたいと思います」

「三浦葬儀社さんはどうなのでしょう。あそこは今回の件で手伝っていただけるのでしょうか」

三浦葬儀社は釜石で一番大きな葬儀社で、年間五百件ぐらいの葬儀を取り扱っている。サンファミリーや鎌田葬祭会館と比べると倍、あるいはそれ以上の規模で、かかえている在庫や従業員の数も多い。当然、今回も三浦葬儀社が中心となるはずだと思っていた。

市の職員は難しい顔をして答えた。

「残念ながら、三浦葬儀社さんは被災してしまいました。海沿いの社屋は一階部分が完全に流されて何も残っていません。今、釜石に残っているのはサンファミリーと鎌田葬祭会館だけなんです」

「では、今ここにいる二社で一から十までを行うということですか」

「そうなります。目下の課題は、火葬場が停止しているということです。故障によって一切の火葬ができておらず、復旧の目途も立っておりません。焼くことができるようになった時点でお知らせしますが、それまではすべての犠牲者を安置所で預ることになります」

「ちょっと待ってください。二、三千体の死者が出る可能性があるのに火葬ができなければ、その期間遺体をどう保管するつもりなんでしょう。放っておけば腐ってしまうんですよ」

「葬儀社さんには我々とともに遺体の保存にご協力いただきたいと思っています。今のところ、棺やドライアイスや骨壺《こつぼ》など必要な物資がまったく足りていません。まず棺については自治体で千基用意しますので、サンファミリーさんと鎌田葬祭会館さんもそれぞれ千基ずつお願いできないでしょうか」

「千基……」

「現在安置所の遺体は納体袋や毛布につつんで床に並べている状態です。遺族や職員からは一刻も早く棺を用意してくれという要望が上がってきています。それで犠牲者を最大三千人と見積もって準備を進めておきたいのです。それとドライアイスはできるだけ多くお願いします。これだけの遺体を火葬するには一カ月以上かかる恐れがあるので、それまで腐敗を食い止めなければなりません」

通常、遺体の保存につかうドライアイスの量は一体あたり十キロだ。三百体だとしたら三トン。三千体だとしたら三十トン必要になる。市内の業者は停電で動いていないため、毎日外からそれだけの量を運んでこなければならない。

「連絡手段はどうするんですか。もし火葬場が再開したら我々は遺体の搬送や埋葬を行わなければならないんですよね。しかし、現実には遺族は避難所などにバラバラに散ってしまっているし、携帯電話もつながらない状況です。どうやってやりとりをすればいいか……」

「電話回線が復旧するまでは、各社安置所に担当者を置いて、その場で遺族に必要な情報をつたえられる環境をつくってはどうでしょうか。我々としても常に連絡を取り合わなければならないので、当面は毎晩二十時にここで日々の報告をするようにしましょう」

土田は信じられない思いで市の職員が次々と述べる話を聞いていた。サンファミリーは全国に支店を持つグループ企業だが、そのぶん若くして要職に就かされる。土田をはじめとした従業員の多くが二十代から三十代だ。はたしてそんな自分たちに本当にこれだけのことができるのだろうか。

一夜が明けた。釜石市内には自衛隊や警察の大型車両が物々しいエンジン音を響かせて次々に押しかけてきた。ヘリコプターもたえず上空を回っている。ナンバープレートに記されているのは、秋田、兵庫、大阪といった見慣れぬ表記ばかりだ。夜を徹して全国から続々と救援に駆けつけたのだろう。

野田町にあるサンファミリーの釜石典礼会館は、電気がこないせいで自動ドアが閉まったままだった。朝から土田はコートを着たまま事務所の椅子にすわり、盛岡にある本部に電話をかけていたが、回線が混雑していてまったくつながらない。十一日からこのときまで、現状を報告することも、支援を求めることもできなかった。事務所に泊り込む日数が増えるにつれ、若い彼の胸には焦燥感と重圧がどんどん重くのしかかってくる。

自治体から用意するように言い渡された棺や骨壺は一社だけで手に負える数ではなく、盛岡にある本部の協力が不可欠だった。普段サンファミリー釜石典礼会館で扱う遺体は平均して月に十四体で、倉庫にある棺の在庫はわずか十基。ドライアイスに関しては冷凍庫が止まり、業者とは連絡がつかない。もし自治体の要求通りの量を集めようとしたら盛岡の本部を経由して全国の関連会社の協力をあおぎ、何トンという単位で毎日運んでこなくてはならない。

典礼会館の事務所では、従業員たちが着の身着のままで各々《おのおの》震災の影響で急増する業務をこなしていた。マチで遺体が続々と発見される一方で、病院からも普段より多く病死の連絡が入る。病死者については安置所に置くことができず、ホールでは震災前からすでに六体の病死者を預っていた。土田が津波の犠牲者の対応に追われている間も、病院で死んだ病死者の引き取りやホールで預かっている遺体の管理をしなければならなかったのだ。

土田は忙しく動き回る従業員の一人に尋ねた。

「他のメンバーには連絡が取れたのか。彼らの無事はたしかめられたのか」

従業員は首を横にふって、沈んだ声で答えた。

「まだ電話がつながりません。しばらくしたらもう一度携帯にかけてみます」

二日が経ったこの日も、本来十五名いる従業員の半数以上と連絡が途絶えたままだった。業務で外回りをしていたり、シフトの休みで被災した大槌町などへ行ったりしたまま行方がわからなくなっていたのだ。増えつづける仕事への対応は、震災当日典礼会館にいて助かった六名が事務所に寝泊まりしながら手分けして当たっていた。だが、彼ら自身もまた親族や友人の安否がつかめない状況で、合間を縫っては家に電話をかけ、メールを打ち、と不安と焦燥感を募らせていた。働いていても震災の被害と無縁の者はいなかったのだ。

土田は本音では従業員たち全員を自宅に帰したかったが、それをしたら業務が立ち行かなくなって混乱に陥ってしまうのは目に見えている。典礼会館には電気も食糧も水もないのに、尋常でない量の仕事だけが雪崩のように押し寄せてくる。土田自身、睡眠不足と空腹と疲労で真っ当な判断を下せなくなりつつあった。

盛岡の本部と連絡が取れたのは週が明けてからだった。昼間いつものように携帯電話から試しにかけてみたところ偶然つながったのである。運よく総支配人がでた。総支配人がまず心配したのは従業員たちのことだった。

「釜石の従業員は無事か。みんな揃っているのか」

土田は答えるのをためらった。

「……すいません。まだ連絡がつかない者がいるんです」

総支配人は動揺したようだったが、気を取り直して言った。

「わかった。彼らの無事が確認でき次第至急連絡をくれ。とりあえずは今いるメンバーで急場をしのごう。自治体との連携はどうなっている？」

「自治体とは話し合いを進めていて、地元の別の葬儀社と連携して難局を乗り越えようということになっています。そこで依頼があったのですが、棺やドライアイスを求められているので送っていただけないでしょうか」

「棺はどれぐらい必要なんだ」

「千基です……釜石では全部で三千基用意することになっているんです」

「そんなにか」

総支配人もさすがに千基という数に驚いたようだった。だが、すぐに気を取り直して答えた。

「わ、わかった。それはこちらで何とかしてみる。とりあえず、二百基ぐらいはすぐに送れると思う。ドライアイスも青森の業者に手配すれば大丈夫だ。他に、食糧、電池、水などを送るが必要なものがあればすべて言ってくれ。スタッフも緊急で二名こちらから派遣する」

土田はその言葉を聞いて安堵で体の力が抜けた。本部からの物資さえ届けば、ここで寝泊まりしている従業員たちを食べさせていくことができるし、自治体の要請に応じて動いていくことができる。

だが、総支配人は釘を刺すのも忘れなかった。

「気を緩めるな。一つ心配なのは遺体の安置方法のことだ。同じく被災した宮古市にある支部と連絡を取ってみたら、あっちは遺族が、安置所から遺体を運び込んできて身動きがとれなくなりつつあるということだった」

「遺族が遺体を？」

「宮古市では、安置所が遺体の取り扱いを一括するのではなく、各葬儀社で対応することになったみたいだ。それで多くの遺族が、犠牲者の遺体を預けにきたらしい。かなりの数になって置き場所がなくなっているそうだ。遺体をどう扱うかは自治体とともに慎重に決めるようにしろ」

宮古市の典礼会館に運ばれてきたのは、全部で四十三体。もし釜石で同じことが起きれば、館内は遺体で埋め尽くされ、身動きが取れなくなってしまう。

「わかりました。しっかり対応していきます」

土田は気を引き締めた。

火葬できぬ遺体――千葉淳（民生委員）

三月十五日、旧二中の体育館のブルーシートが敷かれた床には、長方形の桐棺《きりかん》が少しずつ並びはじめていた。大きさは約二メートル×約五十センチ、小窓がついただけの安い価格帯のものだ。組み立て式で、表面に彫刻はなく、ヤスリでまっ平らに磨き上げられている。

棺に納められている遺体は、まだほんの一部だったが、一週間以内には百基単位で新しく棺が届くということだった。葬儀社と自治体が協力して県内外の業者からかき集めてくれていたのである。大人用の棺ばかりでなく、子供用の小さなものも間もなく到着する予定だった。

この棺を組み立てたのは、鈴木歯科医院で働く歯科助手大谷貴子の父親だ。彼が釜石の分教会の責任者をつとめている天理教では災害時のために「災害救援ひのきしん隊」という援助団体を結成しており、信者たちを率いて旧二中で棺の組み立て作業を手伝ってくれたのである。思いがけない協力だった。

千葉は校舎の教室につみ上げられた棺を眺めながら、二十日を過ぎたあたりには遺体をすべて棺に納められるだろうと思った。震災から四日が経っていたため、家族が毎日のように肉親の顔を見にやって来ていた。彼らにしてみれば、肉親の遺体がビニール製の納体袋に入れられたままであるよりは、真新しい棺に納められた方が気持ちが楽になるはずだ。千葉は全国から棺を集めてくれている葬儀社に感謝し、身元がわかっている遺体を優先して棺に入れることにした。

しかし、いつになっても釜石斎場の火葬場が運転を再開する兆《きざ》しはなかった。震災直後から火葬場はベルトの故障、燃料の不足、電気の停止といった三つの問題から機能停止に陥っていたにもかかわらず、遺体は毎日何十体も掘り出されていたため、旧二中につづいて紀州造林や旧小佐野中といった新しい安置所までが設置されていた。それでも収容し切れず第四の安置所も検討されている。このまま遺体を置きっ放しにしていればいっぺんに腐りはじめることになる。

十四日の午後、千葉はこれ以上待つことはできないと思い、シープラザの災害対策本部へ赴いて、市長に火葬場の復旧を急ぐよう訴えた。いくつか解決策を提案したせいもあったのか、市は隣の遠野市からベルトの部品を取り寄せたり、自家発電機を運び込んだりすることで十五日からやっと再開できるようになった。

千葉など安置所の職員たちはこの知らせを聞いて「良かった」と言い合って喜んだ。火葬さえはじまれば、遺体の保存の問題は少しずつ解決していくはずだ。ところが、その直後に悪い報告が舞い込んできた。火葬炉の製造メーカーが調べたところ、釜石斎場で一日に焼くことができる上限はわずか四、五体というのだ。今の状況でそれ以上稼働させると、火葬炉自体が壊れてしまう恐れがあるという。そうなれば、さらに火葬待ちの遺体の数は増えていくことになる。

自治体は緊急会議を開いた結果、津波の犠牲者を後回しにして、先に病院で病死した人たちの火葬を行うことに決めた。十五日の段階で、市内には癌《がん》や脳梗塞《のうこうそく》など津波以外の要因で死亡した人の遺体が二十体以上あったのだ。これに加えて毎日新たに二、三人の病死者が出ると考えれば、病死者の火葬が一段落するまで一週間はかかる。となると、津波の犠牲者の火葬はそれ以降ということになるが、その頃までには遺体の数は何百体になっているか知れない。下手をすれば、千体を超えていることだってありえる。

だが、千葉は市が陥っている窮境がわかるだけに、不平を漏らしても仕方がないと思っていた。物理的に焼くことがかなわないならば、今できるのは待つことだけだ。サンファミリーや鎌田葬祭会館の従業員たちが駆け回って手に入れてくれたドライアイスや防腐剤を大切につかうことで、遺体の腐敗を一日でも長く先延ばしするよう努めるしかない。

安置所を訪れる家族は日一日と増えていった。彼らは肉親の遺体が入った棺の上や納体袋の隣に花を供えた。閉まっている花屋の戸を叩いてわけてもらったり、山から摘んできたりしたのだ。白い菊などはほとんどなく、カーネーションやチューリップなど赤や黄色の艶やかなものが大半で、傍を通ると蜜《みつ》の甘い香りがした。千葉はそんな家族の思いやりを垣間見る度に、火葬できずに遺体を床に並べたままにしていることに負い目を感じていた。

ただ、あまりに膨れ上がった遺体の数は、関係者から遺体に払うべき敬意というものを少しずつ奪い去っていった。安置所にいる者たちはすべての名前を憶えることができずに遺族の前で品物のように番号で呼んだり、遺体を飛び越えるように土足で跨いだりすることもあった。また、休憩のときなど周囲に人がいるのを忘れて談笑する人なども増えてきた。最初は誰もが遺体が床に横たえられているだけで慄《おのの》いていたのに、数が増加するにつれて見慣れた風景となってしまい、モノとしてしか感じられなくなったのだ。逆にいえば、モノとしてとらえることで心が悲しみでかき乱されるのを防ごうとしていたのかもしれない。

千葉は横目で関係者たちの態度の変化を見ながら、自分だけは遺体の名前を憶え、生きている人と同じように接しようと心がけた。朝、まだ薄暗い五時半に旧二中を訪れると、ひょこひょことペンギン歩きで館内を回り、夜気で冷たくなった遺体に一体ずつ声をかけていく。たとえば子供の遺体には次のように言った。

「ぼうや、昨晩はずっとここにいて寒かっただろ。ごめんな。今日こそ、お父さんやお母さんが会いにやってきてくれるといいな。そしたら、どんなお話をするつもりだい？　今から考えておくといいよ」

また、隣にいる妊婦の遺体にはこう言った。

「ママは、大槌町に住んでいたんだね。一晩、この寒いところでよく頑張ってくれたね。ママのお陰で、お腹のなかにいた赤ちゃんは寒くなかったんじゃないかな。この子はとっても感謝しているはずだよ。天国へ逝《い》ったら、今度こそ無事にお腹の赤ちゃんを産んであげるんだよ。暖かいところで、伸び伸びと育ててあげなよ。そしていつか僕がそっちにいったときに大きくなった赤ちゃんを見せておくれ」

遺体は人に声をかけられるだけで人間としての尊厳を取りもどす。千葉はそれを重ねることで安置所の無機質で絶望感に満ちた空気を少しでも和らげたかった。

千葉が遺体の尊厳を特に大切にしたのは、かつて葬儀社で働いていた経験が大きかった。千葉は七十年前に大船渡のとある寺院で生まれ育ったが、僧侶《そうりょ》になることはなく、若かりし頃は関東をはじめとして各地を転々としていくつもの職を渡り歩いてきた。そして四十年ほど前に流れ着くように故郷の隣の釜石にもどり、タクシー運転手を経て地元の葬儀社に勤めだした。

だが、景気が良かった頃はまだしも、バブルが崩壊し少子高齢化の進んだ港町で取り扱うことが多くなったのは、誰にも看取《みと》られずに一人ぼっちで死んでいく老人たちだった。アパートで何カ月も見つからずに蛆虫《うじむし》にたかられている死体、体の水分が消えて干からびた蛙《かえる》のようになった死体、海から上がった魚に喰われた自殺死体、そういった孤独な死の現場に嫌というほど遭遇してきた。遺族はたいてい都会に出ているために連絡がついてもすぐに駆けつけることができない。やむをえず、千葉が腐乱した遺体から蛆を一匹ずつピンセットで取り除いた後に棺に納め、遺族がやってくるまで葬儀社のホールに何日も安置しなければならないこともあった。

千葉はこうした遺体を見る度に、心を痛めた。八十年、九十年、必死になって子供や町のために働いてきてどうしてこんな最期《さいご》を遂げなければならないのか。千葉は蛆に喰い荒された孤独な老人をせめて人間らしく扱いたいと思い、遺族が来るまで代わりに自分が遺体に言葉をかけることにした。手があく度にホールに収められた棺のもとへ行き、町の近状やその日の出来事を語って聞かせる。そうしていると穴だらけの変色した遺体が生前のように喜んだり、悲しんだりするように見えたのだ。

今回の津波の安置所で、千葉が遺体と一体一体向き合い、言葉をかけていったのは、こうした過去の体験があったためだろう。かつて見てきた孤独死した老人たちと、安置所に置き去りにされた遺体が重なっていく。だからこそ、千葉は自分が家族の代わりに一体一体に親身になって寄り添いたいと思ったのだ。

この日も朝の九時を過ぎると、マチから遺体が続々と運ばれてきた。千葉は市の職員や警察官に指示して遺体を順番に並べてもらった。あるとき、ふと気がつくと、三十代の夫婦が並んで立ち、床に置かれた赤ん坊の遺体の前で手を合わせていた。その幼い遺体には見覚えがあった。少し前に白髪の女性が毛布にくるんで、自ら抱きかかえて運んできた〈生後１００日〉と書かれた赤ん坊だった。

祖母が警察に語った話では、あの日、母親は赤ん坊を抱いたまま津波に呑み込まれたのだという。彼女は必死に傍のものにしがみついて一命をとりとめたものの、赤ん坊だけは流されてしまい、後で遺体となって見つかったらしい。千葉はその子のために奔走して子供用の棺をなんとか用意できたばかりだった。

母親は死んだ赤ん坊の前にしゃがみ込み、その冷たくなった頰をなでながら、「ごめんね、ごめんね」と何度も謝っていた。若い夫も目を赤くしてうなだれていた。一度帰ったと思ってもまた数十分後には遺体の前にうずくまっていたりする。関係者は近づけずに遠まきに見守っている。千葉はいても立ってもいられなくなり、そっと夫婦のもとへ歩み寄った。隣にしゃがみ込んで手を合わせ、やさしい声で遺体に向かってこう言う。

「雄飛君、ママとパパが来てくれてよかったな。ずっと待っていたんだもんな」

雄飛、それがこの赤ん坊の名前だった。

母親は赤く腫《は》らした目で千葉を見つめる。夫が支えるように彼女の肩をつかむ。千葉は赤ん坊に向かってつづける。

「ママは雄飛君のことを必死で守ろうとしたんだよ。自分を犠牲にしてでも助けたいと思っていたんだけど、どうしてもダメだった……雄飛君はいい子だからわかるよな」

夫婦は真剣な顔で聞いている。千葉はさらに言った。

「雄飛君は、こんなやさしいママに恵まれてよかったな。短い間だったけど会えて嬉《うれ》しかったな。また生まれ変わって会いにくるんだぞ」

母親はそれを聞いた途端、口もとを押えて泣きはじめた。子供のように声を上げて号泣する。夫も鼻水をすすりながら目をぎゅっと閉じる。千葉はそれを見ながら、どうか自分を責めずに生きてほしいと思った。

その後も、千葉は家族が遺体の前ですわり込んでいるのに気がつくと、自分から間に入って声をかけた。ある家族が故人を探しに来るのが遅れたことを悔やんでいれば、「亡くなったお父さんは来てくれただけで喜んでいるよ」と言い、ある家族が遺体が冷たくなっていることを嘆いていれば、「亡くなった方は家族が近くにいると温かさを取りもどすんだよ」と囁く。遺された者が少しでも前を向いて進めるきっかけをつくってあげたかった。

こういうことをくり返していたためだろうか、家族の方から千葉のもとに歩み寄ってきて頼みごとをしてくることもあった。ある五十代の男性から母親の薬指にはめられた指輪を形見として取っておきたいので外してほしいと言われた。遺体は七十代の女性で、少しふやけて膨らんでいる。

千葉はうなずいて石鹸水《せっけんすい》を用意すると、遺体の指に塗った。そして指輪に手をやってから遺体に言葉をかける。

「お母さん、息子さんが指輪をほしがっているんだ。ちょっと冷たいけど取れるまで我慢してね」

左手で手首を持ち、右手でゆっくりと指輪を回していく。指輪はスルッと簡単に外れた。千葉は男性にそれを渡した。

「お母さんが、君にって外してくれたよ。宝物にしなね」

男性は頭を下げて感謝した。千葉は照れたときの癖でおどけたペンギン歩きでお尻をふりながらその場を離れた。

午後になり、千葉はひと息入れるために入り口近くに置いていた椅子に腰かけた。

長く立っていると、膝の関節がじんじんと痛みだす。さすがに連日朝から晩まで仕事がつづくと、老いた体のあちらこちらが悲鳴を上げるのだ。年齢による限界を感じて、人手がほしいと考えることもあった。

そのとき、入り口で物音がしたと思うと、一人の袈裟《けさ》を着た僧侶が入ってきた。被災した大只越町の仙寿院で住職を務める芝﨑惠應《えのう》だった。仙寿院は明治四十年から釜石にある日蓮宗の寺院であり、千葉は葬儀社で働いていた頃からよく彼のことを知っており、町で会えば立ち話するぐらいの仲だった。

千葉は彼が数珠《じゅず》を持って立っているのを見た瞬間、お経をあげに来てくれたのだと察した。気が抜けるように心が軽くなる。市の職員が手作りの祭壇をつくったり、みんなで持ち寄った線香を立てたりしたことはあったが、僧侶が遺体に向かって正式にお経を読んでくれたことは一度もなかった。

思わず千葉は遺体の並んでいる方を向いて語りかけた。

——よかったな、みんな。ようやく供養《くよう》してもらえるぞ。

途切れる読経《どきょう》——芝﨑惠應（仙寿院住職）

仙寿院の住職芝﨑惠應が初めて旧二中を訪れたとき、鎌田葬祭会館の従業員たちが真新しい棺をかかえて校舎に運び入れている最中だった。トラックの荷台に大量につまれたものを二人がかりで一基ずつ下ろしてなかへ入れていたのである。自治体から大量注文されたのだろう。普段寺で葬儀を取り仕切る際は冷静にふるまう従業員たちが動揺で目を泳がせてせわしく動き回っている。

体育館に入ると、正面に祭壇があり、その奥に納体袋や棺に入れられた遺体が百体以上並べられていた。ところどころ、家族が持ってきたと思しき花束が供えられているが、大半の遺体は番号がふられているだけだ。まだ身元さえ明らかになっていないのだ。白衣を着た医師や歯科医が遺体の傍にしゃがみ込んで身元確認の作業を行っている。同級生だった釜石歯科医師会会長の勝を探したが、別のところに行っているのか姿が見当たらない。

惠應は、すぐ近くに消防団の法被を着てヘルメットを被っている小太りの男がいるのに気がついた。千葉淳だ。かつて千葉はサンファミリーの前身だった葬儀社の従業員として働いており、惠應とも親交があった。明るくて気さくな老人だが、葬儀の合間に遺族の輪に入っていって仏教のウンチクを垂れることが多く、若い人にはときどき煙たがられることもある。彼もそれをわかっているのだが、はなしだすと止まらない性分なのだ。

千葉も恵應に気がついたらしく、いつもの人懐っこい顔で近寄ってきた。

「仙寿院さんじゃないですか。来てくださったんですね」

「千葉さんはなぜここに？　お仕事は引退されたんじゃないんですか」

たしか千葉は会社がサンファミリーになった三年ぐらい前に退職していたはずだ。

彼は苦笑して答えた。

「ボランティアで手伝っているんです。僕にしかこんな仕事はできないでしょうから。仙寿院さんこそ、お寺は被災地の真ん中にあったと思いますが、大丈夫だったんですか」

「うちは高台ですから難を逃れたのです。ただ、大勢の人たちが逃げてきて、今にいたるまで避難所になっているんですよ。それで物資をもらいに行ったらここの存在を耳に挟んだんです」

　避難所指定されている仙寿院は山の中腹にあったため、津波は石段の途中までにしか到達しなかった。だが、付近にあった家屋はほぼすべて流されたり、倒壊したりして、大勢の住民たちが逃げてきた。彼らは仙寿院の本堂や裏の廊下に灯《とも》した蠟燭の明かりを囲み、床に横になって夜を明かした。一時その数は五百人以上にのぼったものの、翌日からは少しずつ避難所や親戚の家に分散していったが、今も百人以上の被災者たちが境内で暮らしていた。

この日、惠應は寺院に避難している住民のためにシープラザの災害対策本部へ行き、支援物資を供給してもらう手はずを整えようとしていた。階段を上って二階の本部へ行くと、たまたま釜石医師会の会長である小泉に遭遇した。惠應の妻は保健師であり、かつて小泉と同じ県立病院で働いていたため、家族ぐるみの仲だった。その小泉と立ち話をした際に旧二中が安置所になっており、多くの遺体が運ばれていると教えられ、いても立ってもいられなくなって駆けつけたのである。

千葉は惠應がここに来た経緯を聞くと、うなずいた。

「仙寿院さん、安置所をご案内します。どうか起きたことを見てください」

惠應は千葉に手を引かれるようにして遺体が横たえられている場所へと歩いて行った。遺体と遺体の間の通路はわずかしかなく、気をつけていないとつまずきそうなほどだ。故人の顔を見てみると、助けを求めるように口を開けていたり、逃れようと体をよじっていたり、水を飲んで苦しそうにしていたりする。どす黒くなった顔に浮かんでいるのはどれも同じ表情だ。苦痛、である。

千葉は遺体の前で立ち止まりながら「この人は臨月の妊婦なんです」とか「この三人は家族なんです」とつぶやくように説明した。すべての遺体に関して事細かな情報を持っていて丁寧にはなしてくれるのだ。惠應は地獄としか思えないような凄惨な光景のなかを歩きながら、無言でうなずく。千葉はふり返りもせずにつづける。

「この赤ん坊の遺体は雄飛君。まだうまれて間もないんですよ。おばあさんが毛布にくるんで自ら抱いて運んできたんです……。今日も母親が来ましたが、雄飛君を死なせてしまった自分をずっと責めていました。それを見ているのがつらくてつらくて」

千葉はつまる声でそう説明した。透き通った涙が頰をつたっている。惠應は彼と長い間葬儀を一緒にしてきたが、泣いているのを見るのは初めてだった。だが、その気持ちは痛いほどわかった。千葉は起きたことをつたえるのが自分の使命とでも言わんばかりに唇を震わせて遺体の説明をつづける。

惠應が胸をしめつけられながら後について見ていくと、遺体のなかに檀家《だんか》の人が交じっていることに気がついた。お年寄りばかりでなく、働き盛りの男性や若い学生の姿もある。一体また一体と若者の死顔を目にすると、釜石の未来が失なわれていくような気がして胸が苦しくなる。

千葉は一通り遺体を案内すると目元を押さえ、惠應を正面につくった祭壇へつれていった。金魚鉢でつくった香炉が置かれ、石灰に数本の線香が刺さっている。千葉は申し訳なさそうに言う。

「仙寿院さん、一つお経を読んであげていただけませんか。そうしてくれると遺体も喜びます」

惠應は深くうなずいた。

「もちろんです。そのために来たんですから」

惠應は祭壇の前に歩み寄っていった。袈裟の袖を一度翻《ひるがえ》してから数珠を取り出し、大きく息を吸って手を合わせた。目の前に並べられている百数十体の遺体は沈黙に包まれている。館内にいた市の職員や警察官たちが気がつき、作業を中断して横一列に並ぶ。供養が行われるのを待っていたのだろう。

目を閉じると、今見たばかりの遺体の顔が網膜に残像となって映る。惠應はそれをふり払うかのようにお経を唱えはじめた。日蓮宗の「南無妙法蓮華経《なむみょうほうれんげきょう》」の題目がいく度も口唱され、体育館の隅々にまで低い声が響く。

突然、すぐ近くで女性が泣きはじめる大きな声がした。惠應が目を開けると四十歳前後の女性が小さな子供の遺体にしがみついてしゃくり上げている。今まさに我が子の遺体を見つけたのだ。

惠應は涙腺《るいせん》がゆるむのを感じてかたく目を閉じ、感情を押し殺してお経をつづけようとする。僧侶ともあろう者が、警察や市の職員の前で涙を流すわけにはいかない。

だが、母親の痛々しい声を聞くにつれ、こみ上げてくる感情を押えることができなくなる。惠應にも娘がおり、彼女の悲しみが我が事のようにつたわってくるのだ。惠應は自らに対して「無心になれ、格好悪いだろ、無心でお経を唱えろ」と言い聞かせたが、必死になればなるほど胸が苦しくなり、声がつまる。

このとき惠應の脳裏には、一人の老女の姿が思い返されていた。津波の日、目の前で流されていくのを見ながら助けることができなかった名も知らぬ老いた女性である。彼女の遺族もまた同じように遺体の前で声を上げて泣いているのだろうか――。

あの日、地震が釜石を襲ったとき、惠應は届け物をするために妻とともに車に乗って甲子川にかかる橋を渡るところだった。そこで激震に見舞われたのである。車が跳ねたと思った瞬間、橋がしなり、左右に大きく揺さぶられた。瞬く間に国道は逃げ惑う車で渋滞になり、あちらこちらでクラクションが鳴り響いた。惠應は寺に残してきた娘が気にかかり、車と車の間を猛スピードで通り抜けて仙寿院に隣接する自宅へ直行した。

仙寿院の駐車場は逃げてきた近隣の住人たちでごった返していた。子供から大人まで数え切れないほどだった。みなこの揺れはただごとではないと察し、すぐさま石段を駆け上がって集まってきたのである。マチでは津波警報や非常ベルが鳴り響いている。惠應が娘の無事を確かめていると、避難民の一人が叫んだ。

「おい！　津波がきたぞ！　うわァ、全部やられていく！」

見下ろすと、灰色の水しぶきとともに怒濤《どとう》の波が工場をつきやぶってマチになだれ込んでくるところだった。海沿いから順番に店や民家が基礎から剝がされ、粉々に砕けて瓦礫となって散っていく。道路を走っていた車は、濁流に流されて浮かんだかと思うと、建物の壁に叩きつけられ、そのまま渦のなかへ引きずり込まれる。周囲にいた避難者たちは悲鳴を上げるか、言葉を失うかしかできない。

近くにいた男が声を上げた。

「おい、あの流されている家を見ろ！　なかにお年寄りがいるぞ！」

濁流に、家の二階部分だけが流されているのが見えた。トタンの屋根の下にある窓からは白い服を着た老女が身を乗り出して必死の形相で助けを求めている。

仙寿院にいた避難者が大きな声で叫んだ。

「ばあさん、逃げろ！　今すぐその建物から脱出するんだ！　このままだと一緒に流されるぞ」

惠應も声をふり絞って同じことを叫んだ。二階部分はすでに傾きはじめており、今にも沈もうとしている。

老女は折れそうなほど細い腕をふって助けを求めつづけた。飛び降りても津波に流されると思っていたのだろう。惠應たちも流れる水の勢いが激しくて近寄ることさえできない。老女は窓の縁《ふち》にしがみついて救助を求めていたが、やがて別の建物にぶつかった途端、その家は砕け散って波に呑まれてしまった。老女の姿はそれきりどこにも見えなくなった。

仙寿院に集まっていた避難者たちは呆然として老女が流された場所を見つめていた。引き波によって次から次に車や木が流されてきて、数秒後には彼女がいた家がどこにあったかすらわからなくなっていた。

惠應は我に返ると、本堂へ向かった。寺院を片づけ、避難してきた住人たちを室内に入れなければならないことに気づいたのだ。彼は妻や長女に手伝わせて、机を運んだり、座布団や毛布をだしたりしていたが、つい先ほど目にした老女の最後の姿が頭から消えることはなかった。三日が経っても四日が経っても、手を差し出して叫んでいる姿がそのときのままありありと残って、ことあるごとに蘇るのだった——。

旧二中の体育館でお経を唱えている間、目の前にいた四十歳前後の女性はずっと子供の亡骸の前にひれ伏し泣いていた。我が子の名前を呼んでいるらしいが、嗚咽が激しく何と言っているのか聞き取れない。惠應はお経を読みながら熱くなった目蓋から涙がこぼれそうになるのを必死にこらえていた。震えてかすれる自分の声がもどかしい。

津波によって流された老女を、仙寿院にいた人々と力を合わせて助け出すことはできなかっただろうか。今更ながらそんな後悔の念に駆られる。今頃、あの老女の家族がどこかで悲しみに暮れているのではないか。

惠應は何度も声をつまらせつつ、旧二中の体育館に途切れ途切れの読経を力いっぱい響かせた。

火葬へ送り出す——千葉淳（民生委員）

三月十六日、牡丹雪《ぼたんゆき》が、釜石に降った。空を覆っていた雲からゆっくりと舞いはじめ、数時間のうちに瓦礫の山を白く染めた。雪の底から音が消えた。

この日から、千葉は消防団の法被ではなく、釜石地区防犯協会連合会のジャンパーを着るようになった。遺体搬送班のなかに消防団員が多くまぎらわしかった上に、法被の背に「釜石」と大きく書かれていては隣町の安置所へ行きづらい。そこで数年前から入っている防犯協会のジャンパーを安置所での「制服」にしたのだ。彼は地域の活動には積極的に参加するようにしており、年に何度か開かれる宴会でいろんな人と知り合うのを楽しみにしていた。

朝、作業がはじまって間もなく、千葉のもとに市の職員がやってきて、旧二中の遺体を順次火葬することが決まったと告げた。当初の話では、一日の火葬処理件数は四、五体で、病死者を優先させるということだったが、自治体とメーカーがこのままでは安置所がパンクしてしまうと判断して再調整し、一日最大十四体まで認めることにしたという。そこで病死体と並行して、旧二中の遺体を日に五体から十体火葬場に送り出すことになったのだ。

千葉はこれをきっかけに葬儀社サンファミリーと鎌田葬祭会館とともに遺体を安置所から火葬場へ移す作業に忙殺されることになった。最初の出棺は早朝六時半から開始されるため、五時半には旧二中に到着しなければならなかった。体育館の鍵を開けて入り、金魚鉢でつくった香炉に線香を立ててから、冷たく静まり返った館内を回って前日に作成したその日の火葬リストと遺体を照合していく。

火葬リストは、まず市の担当者によって作成されることになっていた。死体検案書が作成され、火葬許可書が出た順に登録されていくのが原則だった。だが、夫婦で亡くなっている者や家族が全員死亡していたりする場合は前夜に相談して、多少順番にズレがあっても千葉たちの判断で調整して一緒に焼くことにした。遺された家族のためにそれぐらいの配慮はしたい。

家族が安置所に遺体を引き取りにやってくるのは、出棺の十五分ほど前である。車が流されていたり、ガソリン不足で動かせなかったりする家族については葬儀社が車で迎えに行くことになっていた。葬儀社の車は緊急車両指定されており、特別に給油を受けることができるようになっていたのだ。家族が市外の避難所や親戚の家に移り住んでいる場合は、火葬を午後に回すなど工夫もした。

体育館の前に家族が集まると、千葉はお辞儀をして彼らを館内へと導く。肉親の棺の前までくると、千葉は普段の葬儀でつかう仏衣《ぶつえ》や草鞋《わらじ》や六文銭を用意できないことを詫《わ》びた後、花を家族に一輪ずつ握らせて、それを遺体にたむけて別れをつげるように促す。わずか五分余りのお別れだ。

だが、大方の家族は安置所の厳粛な空気に呑まれ、緊張で顔を引きつらせたまま花を棺に供えることしかできない。若い母親でさえ、子供の遺体を前にしても涙をこぼすまいと肩を震わせて離れたところに立っていることがあった。幼い遺体は目を閉じ、口を半開きにしたまま横たわっている。

千葉はこんなところでも気を張っている家族を見ると胸が痛んだ。そんなときは、代わりに自分が死者との間に立って言葉をかけてあげることにしていた。

「ぼうや、待たせたね。これから、パパ、ママに見守られて、火葬場まで行くことになったよ。今日の午後にはお家《うち》に帰れるはずだ。嬉しいだろ。ママが手料理をつくって供えてくれるだろうから楽しみにしてなよ。仏様になる四十九日までは、家族で最後の楽しい時間を過ごすんだよ」

母親はそれを聞くと自分を取りもどしたかのように息子の遺体に駆け寄った。火葬場へ送るにあたって最後に言葉をかけてあげたいと考え直したのだろう。本当は言いたいことが山のようにあるにちがいない。

千葉は母親に場所を譲る。母親は棺の枠を握り、身を乗り出すようにして言う。

「ごめんね、ママが助けてあげられなくてごめんね。いつかまたママと再会しようね。もう一度会おうね」

母親の声は嗚咽によってほとんど聞き取れない。千葉は少しだけ間を置いて遺体に語りかける。

「大丈夫。ぼうやはママに感謝しているもんな。これから仏様になっても、ずっとママの傍にいて見守っているもんな」

母親はそれを聞くとハンカチで口元を押さえ、声を上げて泣きはじめる。夫が力いっぱい彼女の肩を抱きしめる。

千葉はそんな夫婦の姿を見て胸をなで下ろす。別れの際に何も言えずに終わってしまうより、感情を出し切った方が後悔は少なくていい。わずか五分余りしか割いてあげられないが、家族にはできるだけ悔いがない形で出棺をしてもらいたかった。

こうして花をたむけて別れを終えると、千葉は家族とともに棺を抱えて霊柩車《れいきゅうしゃ》へと運び込んだ。いよいよ火葬場へと運ばれるのである。千葉や市の職員は校庭で一列になって手を合わせ、霊柩車が平田の釜石斎場へと向かうのを見送った。帽子やヘルメットをはずして車が見えなくなるまで手を合わせるのだ。

旧二中の安置所では、こうした作業が三十分ないしは一時間おきにつづいた。市の職員たちは高齢の千葉の体を心配して、遺族がいなくなったのを見計い、椅子にすわるように言ったり、「大丈夫ですか」と気をつかったりする。だが、千葉は明るい口調で答える。

「平気ですよ。その代わり、僕がこんなに働いているってことを上司さんや市長さんにコッソリつたえておいてくださいね」

「え？」

千葉はほほ笑んでつづける。

「だって、お給料を出してもらえるかもしれないじゃないですか。僕が自分で言うと『がめつい奴だなー』と思われてくれなくなるかもしれないので、みなさんの方からコッソリ頼みますよ。町がもと通りになったら給金をつかっておいしいものでも食べに行きましょう」

市の職員たちは、冗談とも本気とも取れる返答に苦笑しながらもどこかほっとした。

千葉は休んでくれと言われてもあれこれと気になって動き回っていなければならない性分だった。たまに手が空くと、棺をのぞいて回って遺体の腐敗がどこまで進行しているのかを調べたり、防腐剤のストックがどれだけあるか確かめたりする。降りつづく雪のお陰で、館内は冷凍庫のように冷えているが、すでに遺体はだいぶ傷んでおり、何日か陽射しのつよい日がつづけば腐敗が一気に加速する。それまでに何かしら手を打ちたい。

千葉は市の職員に相談した。

「火葬の処理件数、もう少しだけでも増やせませんか。最低でも一日に三十体ぐらいは焼かないと間に合いません」

無理を言っていることは百も承知だった。おそらく二十四時間態勢でやったとしても二十数体が限度だろう。だが、遺体は着実に増えており、旧小佐野中ばかりでなく、新日鐵釜石製鐵所の施設にも新たな安置所が設けられることになったほどだった。

市の職員は申し訳なさそうに答えた。

「自治体では、火葬が間に合わなかったときのために土葬を検討しているようです。焼けない遺体については埋めるしかないという考えなのでしょう」

報道によって、政府がすでに土葬の許可を出したことは知っていた。国も遺体が多過ぎて対応できず、苦肉の策を出したのだろう。だが、千葉は家族の気持ちを考えると土葬に賛同する気にはなれなかった。

釜石では戦後間もない頃まで土葬の習慣があった。近所の人々が白装束を着て棺を担《かつ》いで墓地へ行き、土の下に埋めたのである。だが、もうそれを知る人の方が少なくなっていたし、弔ってこそのことだ。墓地でもないところに端から順に埋めていくわけにいかない。

「土葬ですか……家族は承諾しますかねぇ」

「一応、土葬は仮埋葬の扱いになるそうです。火葬が遅れそうな遺体だけを先に埋めて、数年後に掘り返して火葬にし直すとか。だから、ずっと土葬のままというわけではないようです」

「それにしたって遺族の理解を得られるかどうか……」

千葉はそれ以上言葉をつづけることができなかった。たしかにここまで想像を絶する数の遺体が同時に発生してしまった状況では、土葬以外に方法がないのも事実だった。

苦渋の決断――野田武則（釜石市長）

市の災害対策本部が設けられたシープラザは釜石駅の隣にある。もともとは物産センターだったのだが、震災後にテナントを撤去し、フロアに書類や机を運び込んで市役所の代わりとしてつかっていたのである。

市長の野田武則は、朝から晩まで二階のベニヤ板で仕切られた会議室につめ、ひっきりなしに訪れる政府や自治体の関係者らと協議を重ねていた。避難所での炊き出し、仮設住宅の設計、安置所の増設、怪我人の市外搬送など検討すべき課題は雪だるま式に増え、一瞬たりとも気を抜けない決断をたてつづけに迫られた。五十八歳、元幼稚園の園長。いつもはきちんと身なりを整えている彼も、この頃ばかりは白髪交じりの髭《ひげ》を伸ばし、髪を乱していた。

震災発生当初から、市長にとって遺体の火葬処理は重大な問題の一つだった。震災が起きて間もない頃、釜石だけで死者の数は二千人から三千人に上ると推測されていた。釜石斎場だけでは焼き終えるまでに一年以上かかってしまう。そこで岩手県を通じて他県や周辺の自治体に火葬場の借用を願い出ていたのだが、承諾の知らせはなかなか届かなかった。東北の沿岸に位置する多くの自治体が壊滅的な被害を受け、同じような要請をしていたため調整がつかなかったのだ。

また、実際に他の火葬場を借りられたとしても、それで足りるのかどうかも怪しかった。釜石市での死者数が二、三千人にのぼるとしたら、一日百体ぐらいの火葬を行わなければ間に合わない。一カ所で一日平均四体の火葬ができたとしても、百体となれば二十五カ所の火葬場を借用する必要があるはずだ。

震災から一週間が経とうとしていた頃、保健福祉部の担当者が災害対策本部にやってきた。彼は顔に焦りの色をあらわにして市長に質問した。

「土葬の件、どうしますか？　旧二中、紀州造林、旧小佐野中の安置所には遺体があふれ、さらにもう一カ所新設しなければならない事態になっています。さすがにそろそろ方針を固めなければなりません」

十四日に厚生労働省から特例措置として土葬許可が下り、各自治体の判断で火葬が間に合わない場合は医師の死体検案書だけで土葬してもよいとされていた。宮城県の一部の自治体ではすでに土葬を決定する方向で進めているという。

当然、釜石市でも土葬をする方向で議論が進んでいた。だが、被災の全貌が見えてこないうちに、土葬を押し通せば反対意見が噴出することは火を見るより明らかで、当面は他県の火葬場の借用許可が出るのを待とうということで結論を先延ばしにしていたのである。だが、それにも限界がある。

「わかった。ただ、俺一人では決められない。指針をまとめるから待ってくれ」

市長は秘書に命じて、有識者を集めた会議を開くことにした。この問題に関わる人たちの話を集約した上で結論を出そうとしたのだ。

三月十八日、災害対策本部で土葬に関する会議が開かれた。狭い会議室に集まったのは、医師会の小泉、歯科医師会の勝、災害を専門とする大学教授、それに市の職員たちだった。彼らは災害の直後から休みなしで働いており、髪は乱れ、服はシワだらけだった。まだ水も通っておらず、風呂《ふろ》にも入れていない。市長は全員が揃うとホワイトボード正面の席につき、現在の状況を一通り説明した上で、土葬を行うべきか率直な意見を聞かせてほしいと言った。

小泉や勝など医療関係者が出したのは、衛生的な側面から考えれば土葬はやむを得ないという見解だった。今は寒い日がつづいているが、四月になれば安置所に置いてある遺体の腐敗は急速に進む。また、瓦礫の下や海底から上がってきた遺体は汚れや傷みが激しく、安置所に置いておけば、増殖した細菌によって感染症が引き起こされ、職員ばかりか、そこを訪れる遺族にまで広がる可能性がある。それを考慮すれば、速やかに土葬するに越したことはない。

つづいて、市の担当者は火葬場の処理能力という見地から意見を述べた。担当者はメーカーと何度も協議を重ねたが、一日に最大でも十四体までしか焼くことができないということだった。それ以上焼こうとすれば火葬炉が故障してしまう恐れがあったのである。こうなると、他の自治体の火葬場をつかわせてもらうしかないのだが、現地では地元の死亡者の火葬が優先されるため、現実的には五カ所借りることができても一日の受け入れは五人から十五人程度になるはずだ。釜石での犠牲者が百人程度ならともかく、もし二、三千人という数にのぼれば、到底間に合わない。こうしたことを考え合わせると、やはり土葬を並行して行った方がいいのではないかということだった。

市長は腕を組みながらそれぞれの見地からの意見を聞いていた。出席者の一人がつぶやくように言った。

「この状況では土葬は仕方がありませんよ。もちろん、土葬を決定すれば、市民の間からは反対意見はかなり出てくるでしょう。しかし、もし土葬を回避したことが原因で感染症が発生したら責任を追及されるのは自治体の側です。どちらにしても悪い結果しか待っていないのならば、反対意見が出ていても、感染症の発生を食い止めるために土葬を決定するべきではないでしょうか」

誰一人として否定しなかった。その場にいた全員が同じような意見だった。

市長はつぶやいた。

「そうか、土葬をするしかないか。しかし、どの遺体を先にすればいい」

「現在は身元確認ができて、火葬許可書が出た順に火葬を行っています。土葬をするとしたら逆に身元不明の遺体が対象となるはずです」

この頃、釜石では安置所に集められている遺体の半数以上の身元がわかっていなかった。家族が全員亡くなっていたり、家族がいても肉親の死を認めることができずに安置所に探しに来なかったりしたためだ。身元不明の遺体なら、土葬への反対も少ない。もし後日家族が名乗り出ても、ＤＮＡ型鑑定や歯科所見によって身元確認を行うことはできるはずだ。

「ただ、土葬をする前に、事前にしっかりと市民に事情を説明するべきです。市民には反対意見もかなりあるでしょうから、独断的に決めたと思われたら反発が大きくなるだけです。土葬まで何日か猶予《ゆうよ》を設けて、その間にくり返し説明をすることで、反対派の人たちのなかに『仕方がない』ということをわかってもらう努力をしていかなければなりません」

全員がうなずいた。説明の仕方を間違えれば、市民の反感を招いて途中で土葬ができなくなる可能性もある。市長は覚悟を決めたように答えた。

「それは俺の役目だな」

「そうですね。市長がするしかないと思います」

市長は、うなずいた。多くの被災者が家を失っているため、避難所の掲示板や防災行政無線などつかえるものをすべてつかって理解を求めていかなくてはならないだろう。

「わかった。三月二十日に発表をして、二十五日から土葬をはじめることにしよう。まずは身元不明の遺体に限って行うことにする。それまでに市民には十分な説明をするから、埋葬場所などの調整を進めておいてくれ」

会議に参加していた者たちはうなずいた。さいは投げられたのだ。

現場の混乱——土田敦裕（サンファミリー）

シープラザの災害対策本部で土葬の議論がなされている頃、葬儀社サンファミリーの土田は朝から晩まで遺体を火葬場に運ぶ作業にかかりきりになっていた。同社には寝台車エスティマと霊柩車リンカーンがあったが、このうちエスティマは津波に流されてしまっていたため、急遽盛岡の本部からもう一台取り寄せた。遺体を火葬場へ送って骨にするまでが任務だった。

この頃は、毎日十八時頃に鎌田葬祭会館へ赴くことになっていた。夕方までに自治体から翌日の火葬リストが届くことになっており、安置所の管理をする千葉を交えて細かなスケジュールや担当の調整を行っていたのである。土田にとって千葉は大先輩にあたる。深刻な話をしている最中、千葉は場を和ませようとよく駄洒落《だじゃれ》を言った。年代が違ってよくわからないものもあったが、笑わせようとしてくれる気持ちには救われる思いがした。

市内の各安置所にはサンファミリーの従業員が常駐し、その場で家族への対応を行っていた。携帯電話がつながらず、その後の連絡手段がないため、安置所で肉親の遺体を見つけた直後に火葬までの流れを決めてしまわなければならないのだ。家族の多くはひどくうろたえていて、冷静に物事を考えられる状態ではない。そういう人たちを隅へつれていって、火葬の事務手続きについて切り出すのは傷口をえぐるようなつらさがあった。

土田たちが家族に提案していたのは、震災の後につくった「被災パック」だった。通常搬送から火葬までの代金は十万円以上かかるが、被災者に負担をかけぬよう採算ギリギリの五万二千五百円で行っていたのである。ただ、このパックがつくられたもう一つの理由には、災害の混乱や人手不足で満足のいく一連の納棺の儀式ができないという事情もあった。

どの家族も頭では、通常のような葬儀ができないことはわかっている。しかしいざ肉親の遺体が変わり果てていくのを見ると、心情として耐えられないらしく、こう頼み込んでくる家族もいた。

「お金は出しますから、どうか湯灌《ゆかん》をしていただけないでしょうか。ちゃんと体を洗ってから火葬場に向かわせてあげたいのです。お願いします」

土田は申し訳ないと思いながら頭を下げて断らざるを得なかった。納棺や湯灌は別の業者に委託していて、震災の影響で呼べなかったし、もし呼べたとしてもあまりに犠牲者が多く対応しきれるわけがない。だが、遺族は泣きつくように訴える。

「昔、親族が死んだときにはしてくれたじゃないですか。どうして今回はダメなんですか」

「申し訳ありません。担当者もいなければ、必要な道具もないのです。ご理解ください」

どれだけ哀願されても、現状では平謝りをして断らざるを得なかった。

その夜、土田はいつものように鎌田葬祭会館を訪れ、翌日の火葬スケジュールの調整を行っていた。館内はほのかに線香の匂いがしみ込んでおり、金色の仏具に明かりが反射している。土田が鎌田葬祭会館の専務と話をしていると、唐突にこんなことを言われた。

「市が土葬の方針を固めたみたいですよ」

「え？　決定なんですか」

「近々発表されるそうです。最初は身元不明の遺体と引き取り手のない遺体を埋めるのだとか。我々の方でも対応策を考えていかなければなりませんね」

噂はかねがね聞いていたが、土葬を行えばかならず現場に混乱が生じると考えていた。仮に土地を用意して埋葬までうまくこぎつけたところで、宗教や宗派の違いはどうするのか、墓石を個々に用意するのか、家族をバラバラに埋めるのかなど、葬儀社の立場から見える課題は数多あった。

一番の問題は、土葬が仮埋葬だということだ。数年間埋めた後に掘り返して本葬を行うということだが、土葬対象者は身元不明の遺体であり、家族がわかっていないケースが少なくない。誰が遺体を掘り起こし、本葬の資金を工面し、土地を確保して埋葬するというのか。こうしたことをすべて決めた上でなければ、大きなトラブルが生まれる。

だが、自治体が決定した以上は、現場にいる土田としてはなるだけ万全と思われる準備を整えるしかない。そこで鎌田葬祭会館の専務と話し合い、土葬が行われることになった場合の対応策を決めることにした。検討すべきことは多い。慰霊碑はどうするのか、焼香場はどこにつくるのか、塔婆を立てることはできるのか……自治体との協議の前に草案だけはまとめなければならなかった。

三月二十日、釜石市は正式に土葬を行うことを発表した。避難所の掲示板、防災行政無線などをつかい、市内二カ所に土葬のための土地を用意し、身元不明や引き取り手のない遺体から順番に埋葬することをつたえたのである。三月二十日付の「産経ニュース」では次のように報じられた。

◇「釜石市が25日から土葬　身元不明遺体２００体か　２カ所で」

岩手県釜石市は20日、東日本大震災による死者のうち、身元不明の遺体と引き取り手のない遺体について、25日から市内２カ所で順次土葬すると発表した。

市災害対策本部によると、土葬の対象となる遺体は２００体に上る可能性がある。遺体の腐敗が進むため、火葬より時間のかからない土葬にすることを決めた。身元が判明している遺体については、できる限り火葬にするとしている。

市災害対策本部は「早急に遺体の身元を確認しに来てほしい」と呼び掛けている。同市では20日午前10時現在、死者４９３人、行方不明者６２０人が確認されている。

この日から、旧二中や旧小佐野中などの安置所には、大勢の家族がつめかけるようになった。巡回バスや自家用車ばかりでなく、自転車に乗ってもやってきた。それまでは肉親の死を認めたくないがために近づきもしなかったのが、土葬のことを聞いて慌てて駆けつけたのである。

安置所では、こうした家族たちが警察官や市の職員に伴われて見て回り、なんとか肉親を見つけ出そうとした。だが、十日が経って、遺体によってはだいぶ状態が悪くなっていて見分けるのが難しくなっているものもあった。体内にたまるガスによって膨れて、老人が子供のように見えたり、痩せていた人が肥満者のように見えたりするのだ。外見だけでは判断がつかず、手術痕や指輪などで確認しなければならないこともあった。

土田たちはそうした遺体に対面したばかりの家族を隅へつれていき、火葬までのことを順を追って説明した。だが、この時点で火葬リストに名をつらねている遺体は二、三百体にもなっていて、いつになったら順番が回ってくるか予想もつかなかった。家族はそれを聞いて、肉親が土葬にされるのではないかと不安を募らせた。そしてこうすがりつく。

「なんとかうちの人を早めに火葬にしてもらうことはできないのでしょうか。火葬場が混雑しているのはわかっています。しかし、一週間以内ぐらいにはどうにかなりませんか」

市民の間には、腐敗の激しい遺体も土葬の対象になるという噂があった。もし平時ならば遺族もそこまで反対しなかったかもしれない。しかしこの時生き残った者のなかには、家族を助けられずに自分だけ生き残ってしまったという罪悪感があった上に、葬儀さえしてあげられないことを心苦しく思う気持ちがあった。だからこそ土葬だけは回避してあげたいという思いが膨れ上がっていたのだ。だが、火葬リストは、自治体が順番を決めており、葬儀社の意向で特定の人を優先することはできない。土田は謝った。

「申し訳ありません。順番は変えられませんのでわかってください」

「謝ってほしいんじゃなく、どうしてもやってほしいのです。このままだったら、うちの人は土に埋められてしまうんでしょう。そんなのかわいそう。釜石斎場がダメなら、別の火葬場をつかってお願いできないんですか」

他の市町村の火葬場ですぐに焼けるのなら、とっくにそうしている。わかってはいても、遺族は詰め寄らずにはいられないのだ。

なぜ自分がこんな矢面に立たなければならないのだろう。土田自身、海の近くにあった実家が津波で浸水していた。地元の友人が流されて、仲間の従業員の行方もわかっていない。泣きごとを言いたいのは自分も同じだ。

彼はその思いを呑み込み、ひたすら頭を下げた。

「すみません。こんな状況ですので、どなたか一人を特別扱いするわけにはいかないのです。どうかご理解ください。お願いします」

原形をとどめぬ遺体——千葉淳（民生委員）

旧二中の荒れ果てた校庭に、遺体安置所の巡回バスが止まる。ドアが開くと、何組かの家族が無言で降りてきて、うつむき加減に体育館へと吸い込まれていく。入り口に立つ千葉が防犯協会の帽子を取り肉づきのいい丸い背中を折って挨拶をする。だが、彼らは軽く会釈《えしゃく》を返すだけでほとんど目を合わさない。

校舎の壁には、身元不明者の一覧が貼られ、それぞれ細かな特徴が記されている。家族たちは幼い子供を放って、遺体の番号の横に書かれた性別、服装、所持品、発見場所などにくまなく目を通し、肉親かどうか声を潜めて相談する。幼い子供は傍らで心配そうに母親を見上げている。

千葉は入り口に立ち、ある懸念を抱きながらその様子を見守っていた。震災から十日ぐらい経ったせいで、被災地から運び込まれる遺体には損傷の激しいものが多くなっていた。瓦礫に押しつぶされたり、海水の溜まりに浸って腐ったりして、見るも無残な姿になっている。以前若いボランティアが働かせてくれとやって来たこともあったが、みんなそれを目にした途端に逃げ帰ってしまうほどだった。

この朝、千葉は市の職員や警察官とともに身元確認の方法について話し合った。傷みの激しい遺体についても、家族に目で見て確認してもらうという方法をとるべきなのだろうか。変わり果てた悲惨な姿は、家族が大切に抱いている生前の美しい面影を破壊してしまうことがある。特に幼い子供にとっては大きなショックだろう。そこで原形をとどめていないような遺体については、事情を説明して最初は顔写真だけで確認してもらうことにした。

千葉や警察官は頭を下げてこう言った。

「大変申し訳ありませんが、ご遺体が傷んでいますので、まずは写真をご覧いただけないでしょうか」

家族はこわごわと遺体の写真を見て、やはり可能性が高いということであれば、誰か一名が代表者となって顔を確かめる。もし本人であることが明らかになったら、その代表者に他の家族にも見せるかどうかの判断を委《ゆだ》ねた。最終的に損傷した遺体と対面するかどうかは身内に決めてもらった方がいいと判断したのだ。

家族のなかには見るに耐えない姿になった遺体を前にして当惑し、こう尋ねてくる者もいた。

「すみません。遺体の状態があまりにひどいと土葬になると聞いたのですが、うちの父は埋められてしまうのでしょうか」

千葉は帽子を握ったまま答えた。

「現状では何とも申し上げられません。自治体の発表では、二十五日から身元不明の遺体が土葬されるということになっていますが、それ以外については細かいことは決まっていないのです。万が一、傷みの激しい遺体を土葬にするということになっても、身元不明者の後になりますので、それまではもう少し時間があると思います。詳細がわかり次第、葬儀社の方から説明があるはずです」

「そうですか……」

「遺体はこちらで大切にお預かりしますので、いつでも会いに来て下さい。亡くなられた方も喜ぶと思います」

家族が故人を家の墓に入れて供養したいと願うのは当然だ。だが、千葉は今自分が土葬についてとやかくいうべきではないと思っていた。政治的なことについては、市議の先生方が決めることだ。自分は安置所の管理を任されている以上、ここで悲しみのあまりくずおれて立てなくなっている遺族に寄り添い、支えるだけだ。一時の話題に翻弄《ほんろう》され、とり残された人々の気持ちをおろそかにすることだけは避けなければならない。

ある日、旧二中の体育館に、四十歳ぐらいの女性が行方不明中の母親を探しにやってきた。げっそりと頬がこけていた。彼女は行方不明者の名簿からそれらしき特徴の書かれた番号を見つけ、警察官とともに七十歳になる死んだ母親を見つけ出した。遺体は全身がどす黒く変色していた。長い間外に放置されて腐敗が進行してしまっていたのだろう。女性は傍にいた千葉を呼び止めた。

「すみません。母親の体の色があまりにも変わってしまっていて……もとはこうじゃなかったんです。本当なんです。せめて顔だけでもお化粧をしてあげることはできないでしょうか」

色白で美しかった母親の黒ずんだ姿が、哀れだったのだろう。

千葉は少し考えてから言った。

「ここに納棺師を呼ぶことはできませんが、僕なら代わりにやれますよ。かつて葬儀社につとめていたときに死化粧をしていたことがあるんです。お化粧道具があれば貸していただけませんか？」

女性は急いで、バッグから化粧ポーチを取り出した。千葉は受け取ると、両膝を床について遺体の顔を見た。全体が深い土色になっており、目の周りや唇は真っ黒に変色している。頬や額がむくんで膨らみ、うっすらと腐臭がする。あと一週間もすれば、腐敗はさらに進むだろう。

千葉はファンデーションを塗る前に、クリームを大量に取り下地を厚くつくっていった。遺体の肌はそのままでは化粧の乗りが悪い上、変色を隠すためにはできるだけ厚くした方がいい。千葉はクリームをまんべんなく顔に塗りながら、遺体に語りかけた。

「今から、お化粧をしてあげるからね。ちょっとくすぐったいかもしれないけど、我慢していてね」

たっぷりとクリームを頬や顎に塗り終えると、今度はそれを首の裏にまで伸ばしていく。傾いた拍子に顔の前面しか化粧がされていないのがあらわになってしまえば、遺体の尊厳を傷つけることになりかねない。隅々まできちんとお化粧をしてあげたかった。

千葉はクリームを片づけると、次にコンパクトを出してファンデーションを下地の上に塗っていった。額から頬、顎、首、そして鎖骨のあたりまで丁寧にやっていく。化粧の香りが漂いだすと、少しずつ生きていたときと同じような顔色になっていった。

千葉は手を動かしながら語りかける。

「最後にきれいになってね。もしかしたら、あなたの気にいるようにはできないかもしれない。けど、精一杯やるから我慢してね。あの世でご先祖様に会ったときに、恥ずかしくないようになるんだよ」

アイシャドーをつけた途端、遺体の苦悶の表情が消え失《う》せ、急に明るくなって見えた。つづいて明るい口紅を引くと、すっかり若返った。生前はどんなにか美しかったろう。まるで今にも目を覚まして起き上がってきそうだ。

女性は目を潤《うる》ませて、千葉の所作を見守っていた。そして化粧が終わるのを見てとると、遺体ににじり寄り、身を乗り出し、涙で声を上ずらせて呼びかけた。

「お母さん、きれいになったよ。よかったね、本当によかったね」

母親の長い髪を手でなでて整える。

千葉は彼女が喜んでいるのを見て胸をなで下ろした。そして了解を取って、つかい終わったばかりの化粧道具を遺体の横にそっと供えてあげた。

「お母さん、お化粧が終わったよ。ちょっとはきれいにできたかな。もし僕がやり残したところがあれば、棺にお化粧道具を入れておくから、あの世に着いてから思うようにお化粧してね。自分でするのが一番美しくなるはずだから」

女性はそれを聞くと、目にいっぱいの涙をためて「ありがとうございます、ありがとうございます」とくり返した。千葉自身、安置所ではすべての遺体に湯灌や死化粧を行うことは不可能だとわかっている。だが、規則に縛られて決められた役割に徹するより、状況に応じてできるだけのことをしたいと思っていたし、それができるのがボランティアである自分の存在意義であるはずだった。

晴れた午後、千葉はひと息つくために表に出て、日溜まりに置いてあった椅子に腰かけた。陽の光を浴びると縮こまっていた体が溶けるように柔らかくなっていく。千葉は近くにいた市の職員に語りかけた。

「いい天気ですね。こんなときは、ゆっくりと若い人たちと一緒に市民劇場のための稽古《けいこ》なんかしたいものです。僕はこれまで脚本を書いたり、演出をしたりしてきたんですよ。裏方にまわって役者の化粧をしたことだってある。次の公演はいつ開けるかわからないけど、またみんなでワイワイ賑やかに準備をしたい」

働きずくめで疲れ切った頭には、年に一回ひらかれる演劇祭の楽しかった思い出が浮んでいた。台詞《せりふ》を覚えられない役者につきそって夜遅くまで練習をしたこと、準備が整わずに仲間と口論になったこと、千秋楽が終わり手を取り合って喜びをわかち合ったこと。あの仲間たちは無事なのだろうか。

市の職員はしばらく黙ってから、こう切り出した。

「二十五日から開始される土葬の件、鵜住居町にある常楽寺の空き地が候補になっているようです。すでに重機をつかって穴を掘っているとか」

とうとうはじまるのか、と思った。すでに市は土葬の順番を検討しはじめているだろう。二十五日になれば、否応なく体育館に並べられている遺体がいっぺんにトラックに乗せられて運ばれていくにちがいない。まだ肉親の遺体が見つかっていない家族はどう思うだろうか。反対意見が大きくなり、困難なときに支え合う仲のいい市民を分裂させることだけは避けたい。

「そうですか……ここ数日、発見される遺体が少しずつ減ってきていますが、それでも土葬を行うことに変わりないんですか」

「遺体の状態もかなり悪くなってきていますから、今のところ予定は揺らいでいません。ただ、お寺の一部は土葬をすることに反対しているようですね」

寺院は檀家と代々付き合い、深い信頼関係で結ばれている。身元不明という理由で一カ所にまとめて土葬することには当然反対するだろう。お寺の働きかけはどれだけ通用するのか。

いつの間にか、山に赤や黄色の花が咲きはじめているのに気がついた。もうすぐ丘一面にタンポポが広がるはずだ。千葉はそれを眺めながらつぶやいた。

「僕は毎年暖かくなると山の絵を描くんですよ。切り絵なんかにしたりもする。けど、今はまだ春が来てほしくないな……来てほしくない」


「神も仏もない」——芝﨑惠應（仙寿院住職）

仙寿院の住職惠應は、三月十五日に初めて旧二中を訪れて以来、何度も市内の安置所へ足を運んでいた。袈裟を身にまとって館内に入ると、持ってきた線香を祭壇に置いて焼香を済ませる。そして手を合わせ心をこめてお経を唱えることで、死者たちを弔う。

恵應にとって、死者の顔に浮かぶ無念の表情は決して忘れられるものではなかった。死者たちの供養なくしては釜石が未来に向かって進んでいくことはない。津波が起きたことと大勢の人々が死んだことを受け入れてはじめて、町に残り、家や店を修復し、海辺の町並みを愛せるようになる。恵應はそのためにも自分のような僧侶が率先して死者の弔いをすべきだと考えていた。

ただ、この頃の恵應にはそれをするための十分な時間がなかった。山の中腹にある仙寿院は津波が襲来した日以来避難所になっており、未だに百人を超す人々が本堂に座布団や段ボールを敷いて暮らしていた。お年寄りは寒さに打ち震え、子供たちは空腹に耐えきれず顔を紅潮させてベソをかく。病気にかかっている子供までいた。恵應は責任者として町中を駆け回り、避難者のための毛布や食べ物、それに薬などをかき集めなければならなかった。

恵應が外を回っていたとき、寺院で避難者たち一人一人に接し面倒をみていたのは、恵應の妻と二十五歳になる長女だった。本堂に寝泊まりしていた人たちは津波に襲われたときの記憶がまだ鮮烈に残っており、夜になって悪夢にうなされたり、無気力になってしゃべろうとしなかったりした。生まれ育った町並みや家族が根こそぎ波にさられるのを目撃したときの恐怖で胸をえぐられたままなのだ。

妻と長女は食事や寝床の世話をする合間に、こうした人々を励ますことに努めた。暗い本堂の隅っこで一家を失った女性が声を押し殺して咽《むせ》いでいるのを見つけたときは、そっと肩を引き寄せて抱きしめた。別の日には、老いた男性が失ったものを一つ一つ声に出してつぶやいていた。そんな人に対しては傍らに寄り添い、親身になって夜遅くまで話を聞いた。

惠應は特に長女の働きぶりに感服した。長女は東京の短大を人間関係がうまくいかずに中退し、派遣社員として働きだした後はストーカー被害に遭って釜石に帰ってきた。おそらく自分を取りもどすのに精一杯だっただろう。だが、彼女はそんなことをおくびにも出さず、避難してきたお年寄りがいれば笑顔ではなしかけ、病気の子供には昼夜の区別なく看病した。若い彼女のふるまいは、人々の沈んだ心をどんなに軽くしたろうか。

惠應も娘の姿に勇気づけられ、冗談を言って明るい雰囲気をつくり上げようとした。自分の禿《は》げた頭を指差して「震災後、髭は伸びっぱなしだけど、髪だけはのびないんだよな」と言ってみたり、長らく風呂に入れないでいることを「体が臭いからオナラをしても気がつかれなくて便利だ」と笑い飛ばしたりした。避難者たちも少しずつ打ちとけだし、笑顔を見せるようになった。だが、仙寿院から一歩外へ出れば、ヘドロを被った瓦礫の山が延々と海まで広がり、吐き気をもよおすような腐臭が立ち込め、自衛隊が泥だらけの遺体を掘り起こしている。その光景は彼らに家族や親戚が死んだことを改めて知らしめる。惠應はしばしばこんな相談を受けた。

「亡くなった家族のためにお葬式を出していただけないでしょうか。それがダメなら個人的にお経を唱えてください。お願いします」

自分だけが生き残り、故人に何もしてあげられないことを後ろめたく思っているのだろう。惠應は首を横にふって答えた。

「申し訳ありませんが、落ち着くまで待ってください。今はまだ一人一人にやれるだけの余裕がないのです」

本心ではすべての亡くなった人に対して供養をしてあげたい。だが、犠牲者の数が多過ぎて、個々の要望に応じることが物理的にできなかったし、他の寺院が被災しているのにそれを差し置いて自分のところだけするわけにはいかなかった。

惠應は同様の相談を何件も受けて思いあぐねた末に、かねてより構想があった「釜石仏教会」を設立しようという結論に達した。釜石のいくつかの寺院は津波によって全壊してしまい、檀家の供養をしたり、遺骨を納めたりすることができない。仙寿院のように避難所となって身動きがとれないところもある。そこで釜石周辺の寺院をまとめて釜石仏教会という連盟をつくることができれば、各寺院が復旧するまでそこを窓口にして様々な対応が行えるはずだと思い立ったのだ。

こうして惠應は釜石仏教会設立に向けて各住職の了承を得るべく動きだしたが、道のりは平坦《へいたん》ではなかった。三月十六日、惠應が旧二中の安置所でお経を唱えて帰ろうとすると、出口で普段から葬儀で付き合いのある鎌田葬祭会館の従業員に呼び止められ、小声で相談を受けた。

「A寺ってありますよね。実は、あそこの住職が『遺族が遺骨を預ける寺がなくて困っている場合はウチに持ってこい』と言っているんです。よそのお寺の檀家を自分のところに呼び込もうとしているのかもしれません。この話には乗らない方がいいですよね」

A寺は津波によって大きな被害を受けているわけではなかった。

惠應は、まさか震災に便乗した遺骨の火事場泥棒のようなことがあるはずがないと話半分に聞いて、旧二中を後にした。だが、仙寿院に帰った途端、まったく同じ話を耳にした。玄関に入ると、迎えに出て来た妻が開口一番こう言ったのである。

「さっき葬儀社のサンファミリーの人が来て、あなたに相談があるって。A寺のご住職が別の寺の檀家の遺骨を引き取ると言ってるらしいけど、どうすればいいかということみたい。今度会ったときに相談に乗ってあげて」

偶然とはいえ、まったく別の方向から同じ話を聞かされたとなれば、信じないわけにはいかない。本当にA寺が宗派や檀家制度を無視して被災者の遺骨を集めているのなら、釜石仏教会の設立を急ぐべきだ。

また、翌日の十七日には、釜石仏教会として取り組まなければならない新たな課題をつきつけられた。午後、惠應は車に乗って雪の降る国道四五号線を通り平田の山にある釜石斎場の火葬場を訪れた。安置所にお経を唱えに行った際に、火葬炉が稼働を再開したと教えられたのである。

釜石斎場は山の中腹に、海を見下ろすように建っていた。惠應が駐車場に車を止めてコンクリート造りの白い建物に入っていくと、職員がいた。

「仙寿院の住職です。故人のためにお経を唱えに来たのですが宜しいでしょうか」

職員は目を輝かせて喜んだ。

「どうぞお願いいたします。震災の影響で、遺族は故人のためにお葬式を上げることができずつらい思いをしています。みなさん、とても喜ぶはずです」

惠應はそれを聞いて釜石仏教会を設立したら、火葬場で定期的に読経を行わなくてはならないだろうと思った。

「ここでは一日にどれぐらいの火葬が行われているのでしょうか」

「今は、朝七時からはじめて夕方まで合計十四体を焼いています」

朝から晩まで僧侶がつめるとしたら、一日に最低二名は必要になるはずだ。

「ところで、火葬場に他の僧侶が供養をしにきたことはあるんですか」

職員はうなずいた。

「たまに盛岩寺の住職が来てくださいます。ボランティアでお経をあげてくれるんです」

「盛岩寺……あの盛岩寺の住職がここに来てくれていたんですか……」と恵應はつぶやいた。

盛岩寺は釜石市唐丹町《とうにちょう》の海辺からわずか百五十メートルの場所にあり、津波の被害をまともに受けていた。庫裡《くり》などの建造物は柱をへし折られて崩れ、かろうじて残った本堂は押し寄せた瓦礫で破壊されていた。その住職が自分の寺のことをおいて、火葬場で死者の供養をしているなんて……彼一人に負担を強いるのではなく、やはり釜石仏教会として多くの僧侶と手分けして供養を進めていかなくてはならない。

この日、恵應は仙寿院からほど近い石応禅寺へ赴いた。釜石の被災地でもっとも大きな曹洞宗《そうとうしゅう》の寺院である。釜石仏教会設立を決めてからここの住職に相談に乗ってもらっており、いよいよ具体的な活動内容をまとめて結成にこぎつけようとしたのである。惠應は次のように言った。

「釜石仏教会の設立は三月十九日付で文書で公表するつもりです。代表者として私が署名しますので、石応禅寺さんも連名でお願いいたします。仏教会としては大きく二つのことをするつもりです」

ここで惠應はこれまで考えていた案を語った。

「一つが釜石仏教会として被災した寺院の檀家の遺骨をまとめて預かることです。寺院や墓地が元通りになるまで釜石仏教会でそれらの遺骨を保管すれば、遺族も安心していられますし、無傷の寺院が被災した寺院から檀家を奪うようなことを防ぐことができます。もう一つ考えているのが、読経のボランティアです。現在、津波の犠牲者は何の供養もされないまま火葬場へ送られており、遺族からも供養をしてくれという声が続々と上がっている。そこで釜石仏教会としてボランティアで僧侶を火葬場へ派遣して、お経をあげたい。担当を決めて半日交代で火葬場につめれば何とかなります」

石応禅寺の住職は説明を聞いてうなずいた。

「わかりました。異論はありません。……それはいいとして、土葬の話はご存じですか。釜石市は発見される遺体が多数にのぼるため、土葬もやむなしの方向で議論が進んでいるようです」

「ええ、聞いています」

惠應は何日か前に市の関係者に呼ばれて、釜石で土葬の決定が出るのは時間の問題だとつたえられていた。おそらくその心構えをしておいてくれという意味だったのだろう。

事情はわかるが、土葬には賛同しかねた。一番の問題は、土中に埋められた遺体を数年後に再度掘り起こせば、遺族に二重の悲しみを与えるということだ。遺族が腐敗して頭髪がへばりついた白骨を見たいと思うはずがない。また、掘り返すまでの供養は誰がどうやってするのか、身元がわからない遺体はずっと埋めたままなのかなど色々な課題がある。

ただ、寺院によって考え方は違うため、釜石仏教会として意思統一するのは難しい。彼は石応禅寺の住職に自分の考えをつたえた。

「私個人としては反対なので、自治体の人にはつたえています。とりあえず、釜石仏教会としては先ほどの二点についてのみ動いていきたいと思います」

この日から、恵應は釜石仏教会設立の最終調整を行うために、釜石市から大槌町にかけての寺院十数カ所を回った。すでに話を進めていた寺院、まったく新しく相談をする寺院など様々だったが、今回の試みが成功するか否かはより多くの寺院がひとまとまりになれるかどうかにかかっていた。

国道四五号線を進んで被災地の寺院を目指す途中の海沿いには、何キロにもわたって廃墟となった町並みがつづいていた。ビルは焼け焦げ、車は団子状につみ重なり、家の残骸に瓦礫がハリネズミの針のように刺さっている。自衛隊員がシャベルを握りしめて遺体が埋まっていると思しき場所の土を掘っている。

被災したのは寺院も同じだった。鵜住居町にある常楽寺には津波によって大量の瓦礫が押し寄せ、電柱や車や折れた木が境内を埋めつくしていた。金色の仏像が倒れて泥を被り、位牌《いはい》や墓石が散乱している様子は、もはやこの世のものではない。

さらに国道を進んで大槌町へ入ると、真っ黒な焦土が広がった。恵應がよく知る蓮《れん》乗寺《じょうじ》は跡形もなくなり、黒い灰が竜巻のように吹き荒れているだけだ。津波によって流されたプロパンガスのボンベが大爆発を起こし、数十台もの車のガソリンに次々と引火し、寺院は完全に焼けてしまったのだという。住職はかろうじて生き残っていたが、放心状態になって今後のことなど考えられないという。

夜暗くなってから惠應が寺院にもどると、体の底から押さえていた疲れがどっと溢れ、思わず畳の床にすわり込んだ。ぼうっとしていると、ここ数日見てきた被災地の光景がヘドロの悪臭とともに頭に浮かんでくる。すると、自分のしている行動が正しいのかどうか心許なくなる。自分は釜石仏教会を設立して、復興に向けて立ち上がろうとしているが、はたしてそれは意味のあることなのだろうか。マチでは親族の誰かしらが命を落とし、家の修理をあきらめて転出する者が続出している。そんな情の欠片《かけら》すらない世のなかで釜石が復興することなんてあるのか。悩めば悩むほど、固めたはずの気持ちが揺らぎだす。

こんなとき、惠應はかつて娘に投げかけられた言葉を思い返し、自らを鼓舞することにしていた。あれは震災後四、五日経った日のことだ。当時惠應は連日夜を徹して境内にいる避難者たちのためにかけずり回ったが、思うように食糧や物資が手に入らず、体調を崩す者まで出てきて、仙寿院では逼迫《ひっぱく》した状況がつづいていた。避難者全員が顔に疲労と不安を滲ませ、寒さのため歯の根も合わぬほどに震えている。惠應は力を尽くしても事態が改善されないことに気が滅入《めい》り、ある老婆がつぶやいた「神も仏もない」という言葉についうなずいて、愚痴を漏らした。

「もう仏様なんて何の役にも立たないのかもしれないな……」

仏に祈ったり、頼ったりすることの意味がもうわからなかった。するると、同じ部屋にいた長女がふり返り、惠應を睨みつけた。彼女は強い口調でこう言った。

「お父さん、違うよ。仏様の教えがあったから私たちはこの逆境に耐えていられるんじゃない？　今頑張れているのは、仏様の教えがあるお陰じゃないの？」

虚をつかれたような思いだった。たしかにこの苦境のどん底でも避難者を受け入れ、守ろうとしたのは仏の教えがあったからだ。自分はずっと仏に支えられてここまできたことを忘れていたのだ。

これ以来、惠應は被災地の惨状を目の当たりにしてくじけそうになるときは、娘の言葉を自分に言い聞かせることにしていた。

――仏様の教えがあったからこそやってこられたんだ。もう少しだけ頑張ってみよう。

そう考えると、わずかだが勇気がわく気がした。

思いがけない報告――野田武則（釜石市長）

シープラザの二階では、連日にわたって災害対策本部会議が開かれていた。十七時三十分、市の部長クラスや警察や消防署の担当が十五人ほど一堂に会し、その日の報告や今後の課題を協議するのだ。議論が熱を帯び、夜遅くまでつづくことも珍しくなかった。

市長の野田は会議の席で土葬に関する情報を事細かに報告するように求めた。埋葬地の準備、遺体の搬送方法、市民への説得など土葬がはじまる二十五日までに整えておかなければならないことは多い。一週間に満たない期間でそれらをすべて終えることはできるのか憂慮していたのだ。

この頃、市長は職員たちとともにその準備と並行して、他県の火葬場を貸してもらえるよう八方手を尽くして依頼していた。二十日に発表したときは、土葬の対象者を「身元不明者」と「引き取り手のいない遺体」に限定して、親族が名乗り出てきている遺体については正式なコメントは避けていた。だが、親族が名乗り出ている遺体だけでもすでに三百体以上を数えており、それらすべての火葬を行うには他県の火葬場の借用は不可欠だった。

釜石市の県を巻き込んだ懸命の努力により、釜石からの遺体を引き受けると名乗り出てくれる自治体が二つ現れた。秋田県の横手市と大仙市である。どちらも釜石市と比べて倍以上の人口を擁しており、それぞれ三カ所ほど提供できる火葬場を所有しているということだった。

市長はこの報告を受けると、すぐに命じた。

「ありがたい話だ。できるだけ早く安置所の遺体を受け入れてもらおう」

だが担当者は困ったような顔をして答えた。

「そうしたいのですが、市の職員はすべて他の仕事に回していて遺体搬送を担当できる人員がいません」

毎日十数体の遺体を秋田県まで搬送するとなると、早朝から深夜までかかる上に少なくとも十人ぐらいの人員が必要になる。市長は議論を重ねた末、消防団に協力を依頼することにした。消防団長は市議が務めており、理解を示してくれると思ったのである。

ところが、消防団長は市長から受けた遺体の県外搬送の要請を言下に突っぱねた。消防団員は一般の仕事を抱えた市民であり、本来の業務ではない遺体搬送を朝から晩までさせるわけにいかないし、動ける者たちは山火事の消防活動、オイルターミナルの警備などの業務に回していた。これ以上、限界まで働いている団員を巻き込むことはできない。団員のことを第一に考えねばならない団長の立場としては当然の判断だった。だが、市長は他に頼むあてもないことから、何人かの人を介して説得をつづけ、ようやく承諾を得るところまでこぎつけた。

　こうして他県の火葬場への搬送計画が進行していく一方で、自治体は土葬のための土地も確保した。釜石では、釜石中心部と鵜住居町の二カ所に分ける必要があると判断し、前者は平田に、後者は被災した常楽寺の所有する土地に土葬用の霊園をつくることにした。いち早く決まった常楽寺では、墓地の裏にある空き地に〈東北大震災殉難者墓苑《ぼえん》〉と記された木の標識が建てられた。そしてショベルカーやブルドーザーをつかって八十体分の穴を掘った。穴の大きさは一体につき縦約二メートル、深さ約一・七メートル。それがずらっと並ぶ。

　二十日以降も、市長は住民の心情に配慮して土葬の説明を継続していた。公共施設の掲示板に土葬を知らせるチラシを貼《は》ったり、「災害対策本部情報」という冊子を印刷して配ったりしたのである。なかでも効果的だったのは、連日市長が防災行政無線のスピーカーから市民に呼びかけたことだった。毎日陽が傾く時刻になると、彼はマイクに向かってこう言った。

「こちら災害対策本部です。三月二十五日から身元不明者と引き取り手のない遺体の土葬を行う予定です。安置所には身元のわかっていない遺体がまだ多数ありますので、すみやかに確認をお願いします」

これによって家にこもっているお年寄りにも土葬を知らせることができた。事実、多くの市民たちが安置所に足を運んだおかげで、わずか数日で遺体の八五パーセントの身元が明らかになったのである。

その日の夕方、シープラザの二階ではいつも通り災害対策本部会議が開かれた。窓の外では相変わらず凍《い》てつく風が吹きつけている。出席者たちは目前に迫った土葬のことが気にかかり、落ちつかない様子だった。だが、担当者が報告したのは思いがけない内容だった。

「釜石市や県外での火葬が、予想以上のペースで進んでいます。このままいけば、土葬を急ぐ必要がなくなるかもしれません」

ざわめきが起きた。どういうことなのか。市長が詳しい説明を求めると、担当者は説明した。

「現在、県外の火葬場での受け入れがはじまり、一日三十体前後の遺体を焼くことができています。順調にいけば、あと一週間ほどでリストに載っている遺体の火葬は終わることになり、その後は後回しになっている身元不明の遺体も焼いていくことができます」

震災直後、釜石の犠牲者は二、三千人にのぼると想定されていたが、二週間近くが経ってそれが半数ぐらいに下方修正された。さらに、そのなかには沖に流されるなどした行方不明者も多く、実際に火葬しなければならない数はさらに少なくなる見込みだった。

担当者はつづけた。

「現在市内で発見される遺体の数は、一日に十体ほどに減ってきています。一方で秋田県の他、青森県でも火葬の受け入れを承諾してもらっています。これらのことを考慮に入れると、四月十日あたりまでには今ある遺体の火葬処理は一段落するはずです」

「四月十日頃か。遺体の保存期間としてはギリギリだけど、もしそれまでに大半の遺体を火葬できるとしたら、土葬を回避できるかもしれないな」

出席者たちの間に、安堵感が広がった。誰もが本心では土葬を避けたかったのだ。

だが、市長は気を引き締めるように言った。

「わかった。それでは二十五日からの土葬を月末まで延期することにしよう。今後の状況を見極めて最終的に土葬をどうするか決定したい。このままのペースで進むことも考えられるし、逆に一度に大量に遺体があがったり、県外の火葬場が何かの事情でつかえなくなったりして再び土葬の必要性が出てくるかもしれない」

「そうですね。様子を見るのが一番だと思います」

「とりあえず、土葬の延期を市民に通知することにする。それと消防団による県外への遺体搬送はどうなっている？　うまく進んでいるのか」

「はい。第五分団の団員たちがこの任務を行っています。いまのところ、人数は足りているようです」

第五分団といえば市長のお膝元の地域の管轄だ。顔を知っている者も少なくない。

「彼らがやってくれているのか……県外への遺体搬送は大変だろうが、土葬を避けられるかどうかはこれにかかっている。もし何か問題が発生するようならば、迅速に対処してあげてほしい」

市長は祈るような気持ちだった。犠牲者の扱いを区別することで遺された人々の間に感情的な軋轢《あつれき》をつくりたくない。すべてはこの五日間にかかっていた。

秋田までの道のり――藤井正一（消防団員）

シープラザの隣にある教育センターのビルを、一人の男が訪れた。中背で痩型だが芯《しん》の強そうな顔をしている。藤井正一、六十七歳である。現在は引退して無職だが、かつては魚の食品加工会社で働いていた。三月二十一日以降、釜石市の安置所から秋田県の火葬場まで遺体を搬送した消防団員だ。

正一が教育センターを訪れたのは、釜石の災害状況や消防団としての活動を把握するためだった。釜石消防署は本部が津波で被害を受けたせいで、このビルの四階に消防本部の仮庁舎を設置していた。消防団員はここで消防署と連絡を取り合い、連携して防災活動を行うことが多かった。正一が訪れたときも一階のロビーには顔なじみの消防署の関係者が出たり入ったりしていた。

ロビーにあった掲示板には、市内の安置所に関する情報が貼られていた。当時、釜石市はまだ土葬実施の発表をしていなかったが、それはすでに衆目の一致するところだった。厚生労働省が許可を出し、他の自治体が実施を発表しはじめたことから、釜石でも時間の問題だろうという見方が強まっていたのだ。正一の自宅は内陸部にあって被災を免れたが、鵜住居町に暮らす五十代の従弟《いとこ》が流されて、行方不明になっていた。自《おの》ずと土葬のことは気にかかっていた。

正一が教育センターの薄暗い廊下にいると、所属する第五分団長が厳しい顔をして現れた。分団長は折り入ってはなしたいことがあると前置きをして正一を隅に呼び寄せた。

「先ほど、消防団長に呼ばれて、市が県外の斎場へ遺体を運んで火葬を行うことを決めたと言われた。だが搬送をする人間がいない。そこで俺たち第五分団が安置所から秋田県の斎場への搬送をしてくれないかと頼まれたんだ」

第五分団は内陸部の管轄であり、被災した団員が少ないことから白羽の矢が立ったのだろう。

「何人ぐらい必要なんでしょうか」と正一は尋ねた。

「まだはっきりしていないが、一回の搬送で十体以上の遺体を運ぶらしい。同行する自治体の担当者がどこまで手伝ってくれるのかはわからない。おそらく消防団だけでも最低四、五人は必要になるはずだ」

責任が重く、かつ激務になることは予想されたが、ここで断れば別の分団に押しつけられるだけだろうし、火葬が遅れるばかりだ。自分が火葬を進めるための力になれるのであればなろう。

「わかりました。他の団員たちを説得してみます」と正一は答えた。

「大丈夫か」

「ちゃんと説明すれば団員たちは動いてくれるはずです」

正一の所属する第五分団第二部には女性一人を含む十三名の団員がいる。彼らなら自分と同じ思いで協力してくれるにちがいない。

三月二十一日、釜石市から秋田県への遺体搬送が開始されることになった。奇《く》しくも自治体が土葬を発表した翌日のことで、市民の間では他県の火葬場を借りて焼くことはできないのかという不満の声が上がっていた。そうしたなかで、正一たちは遺体搬送の第一陣として秋田県へ出発することになったのである。土葬がはじまる前にどれだけの遺体を火葬できるかは正一たちの働きにかかっていた。

朝陽が大地に下りた霜を照らしはじめた八時、団員は法被を着て続々と消防屯所の二階に集結した。畳の部屋は、団員たちの加齢臭とヤニの臭いが充満している。この朝集まったのは四人だった。正一は団員たちに一日のスケジュールを説明した後、赤い消防団の車に乗り込み、途中で待ち合わせていた日鐵物流やシルバー人材センターのメンバーと合流した。市は消防団の他に、運送用の十トントラックを日鐵物流から借り、棺の運搬の補助としてシルバー人材センターにも出動を要請していたのだ。

正一たちは車を降りて挨拶をした。

「よろしくお願いいたします。消防団が先頭を走り、次に日鐵物流さん、そしてシルバー人材センターさんの順で行きたいと思います。一日がかりだと思いますが、釜石のために頑張りましょう」

一行が最初に向かったのは、市内に点在する四カ所の安置所だった。紀州造林、新日鐵釜石東門内施設（＝新設）、旧二中、旧小佐野中である。これらの安置所からそれぞれ一〜三体の遺体を十トントラックの荷台に移して、秋田県の火葬場へ運んで行くのである。初日は計十一体の遺体を搬送することになっていた。

秋田県へつづく道のりは山々がつらなっており、雲行きが怪しくなったと思った直後に吹雪に襲われる。風も強く車体が崖下《がけした》に引きずり落とされそうなほどだ。一行は予定通り消防団、十トントラック、マイクロバスの順で走っていたが、それに加えて最後尾には遺族たちの車がついてきていた。斎場での火葬に付き添って遺骨を引き取るためだ。安置所で見た遺体は褐色になっており、素人目《しろうとめ》にも腐敗がはじまっていた。トラックが道路の凹凸で揺れた拍子に、棺から腐臭が漏れて後ろをついてくる遺族にまで届くのではないか。寒さが臭いを抑えてくれることを祈った。

目指す秋田県の火葬場は、計六カ所だった。横手市が東部斎場、西部斎場、南部斎場、そして大仙市が中央斎場、南部斎場、北部斎場。釜石と受け入れ先の自治体の話し合いで、遺体をそれぞれどこの火葬場へ運ぶかが事前に決まっており、リストに従って遺体を下ろしていくことになっていた。

十三時四十五分、一行は最初の予定地である横手市東部斎場に到着した。正一たちは車を止めると十トントラックの荷台に上り、火葬予定リストと棺に貼られた番号を照らし合わせて確認した。ここで火葬するのは三体。シルバー人材センターの人々も手袋をはめて降りてくる。

正一は全員で力を合わせながらまず一つ棺を下ろし、斎場へと運んでいった。奥にある祭壇はきれいに飾られており、線香の匂いが漂っている。職員ばかりでなく、地元の住職も待っていて一礼した。正一たちは職員の誘導に従って棺を置くと、すぐに引き返してあとの二つの棺も同じように運び込んだ。車でついてきた家族たちが棺をそっと取り囲む。これから最後のお別れがはじまるのだろう。

正一たちは暗くなる前にすべての火葬場を回らなければならなかったため、祭壇で並んで手を合わせてから、余計な話はせずに次の目的地へと向かう。だが、外に出ようとしたとき、家族から呼び止められることがあった。ある家族は遺体を運んできてくれた正一たちに何度も頭を下げて「ありがとうございます」と涙声で感謝し、別の家族はお礼として日本酒の一升瓶を差し出した。彼らは消防団員が犠牲者のために無償で遺体搬送を行っていると知っていたのだ。

毎日秋田県の六カ所の火葬場を回り終えるのは、陽が沈みかけ、肌を凍りつかせるような冷たい風が吹きつける十七時頃だった。大仙市から釜石まで帰ろうとすると車を飛ばしても三、四時間かかる。真っ暗な路上には、野生のテンが轢《ひ》かれて死んでいたこともあった。正一たち消防団員はヘッドライトが照らす先を見つめながら、知り合いとの飲み会の話やテレビで見たコメディ番組の話をする。

本音を言えば、頭には遺体の顔や、家族の泣き声が焼きついており、笑い話をしていられるような心境ではない。だが、犠牲者のことを口に出せば全員の気持ちを暗い方向へ陥らせてしまうような気がして、関係のないことを話題にすることで車中の空気をまぎらせるしかなかった。

次の日もまた次の日も、第五分団の消防団員たちは秋田県へ向かったが、県境の山道に差しかかる度に天候が怒りだすように荒れた。急に太陽が黒雲に覆い隠され、突風とともに大粒の雪が吹きつける。窓の枠は白く凍りつき、ワイパーが悲鳴のようにキーキーと音を立てる。もし事故を起こせば、遺体の県外搬送は中止を余儀なくされる。正一たちは急ぐ気持ちをおさえてでも、速度を落として慎重に山を越えなければならなかった。

県外へ運んだ遺体は数多にのぼったが、なかには正一の知り合いもいた。ある日、火葬場の前でトラックから棺に入った遺体を下ろして斎場へ運ぶと、見覚えのある人が遺族の列に並んでいる。消防署に勤める友人だった。彼の父親が津波の犠牲になっていたのである。

——ああ、彼のお父さんも亡くなっていたのか。

正一は近づいてなぐさめようとしたが、友人は軽く会釈をしただけであまり目を合わせようとしなかった。正一は彼の気持ちを察して余計なことは言わず、車に乗り込むことにした。

次の斎場までの道のりは、ひっそりと静まり返っていた。高い建物が少ないため、風の音が寒々と響き渡っている。正一は火葬場で会った友人の顔を思い出しながら、何日も待たされた末に秋田の火葬場にまで回される遺族の無念を想像した。骨壺に骨を入れて車で暗い道を通って釜石へ帰るとき、どんな思いを抱くのか。

しばらくして、車に乗っていた消防団の仲間が思い出したように言った。

「そういえば、予定されていた土葬、延期されたらしいですよ。火葬が当初の予定よりうまくいっているんだとか。月末まで延期して、どれだけ火葬が進むか様子を見るって話です」

正一は驚いてふり返った。

「本当なのか？　土葬は中止になるのか」

「現時点ではあくまで延期みたいです。けど、俺たちのやっている県外への遺体搬送が功を奏して、火葬件数が格段に増えたと聞きました。このままのペースでいけば、土葬は中止になるっていう話もあります」

正一は夕影に映えた山並みを見つめながら、命を落としていった者たちのことを思った。もし自分が津波に襲われて死に、身元がわからぬまま番号だけふられて土に埋められたら、どんなにか寂しいだろう。家族の嘆きはどれほどか。今自分たちがもう少しだけ尽力すれば、そうした事態を回避させることができるかもしれない。正一はつぶやいた。

「亡くなった人たちのためにも何とかしてあげたいな。頑張って、土葬を避けられるような形に持っていけたらいい。遺族も喜ぶ」

団員たちがうなずいた。バックミラーには、マイクロバスの後をついてくる遺族の車がはっきりと映っていた。

身元不明者の遺骨——千葉淳（民生委員）

三月も下旬にさしかかると、旧二中の校庭に植えられた桜の花が小さな蕾《つぼみ》をつけはじめた。山から吹きつける風が、新緑の香りをともなって細い小枝をやさしく揺さぶる。西日が校庭に舞う塵《ちり》を白く照らす。

この時期になると、体育館に安置された遺体はすべて棺に納められてきれいに並べられていた。全国の業者から子供用、大人用など何種類もの棺が千基以上届いていたのだ。町の花屋が営業を再開したお陰で、赤や白や黄色の花が供えられ、甘い蜜の香りがしていた。

体育館で働く人たちの顔ぶれも大きく変わった。地元の医師や歯科医は自分の医院での診療を再開するために去り、代わりに大学病院の医療チームがやってきて、分厚いマスクに、肘まであるゴム手袋という格好で検案を行っていた。訪れる家族たちも遺体を発見して取り乱し、泣き叫ぶようなことは少なくなった。震災から二週間以上が経って、ほとんどの家族が死を覚悟し、一日でも早く発見されることだけを願っていたのだ。泣いたとしても声を押し殺して気丈にふる舞う者ばかりだ。

千葉だけは変わらずに毎日朝早くから安置所にやってきて、遺体を確認してから掃除をしていた。この時期になると、遺体は一様に土色にむくんで、容貌がすっかり変わり果てている。特に直近で発見されたものは腐敗がかなり進行しており、消臭効果のある防腐剤プロガードをじかにふりかけることで抑えなければならなかった。保管の限界は確実に近づきつつある。

日常の仕事内容で変わったことといえば、毎朝九時になると県外搬送のための十トントラックが訪れるようになったことだった。何台かの大きな車が止まる音がしたと思うと、消防団の法被をきた男たちが遺体を引き取りにやってきた。彼らは祭壇の前に横一列に並ぶと、帽子を脱いで手を合わせる。そして自治体から渡された火葬リストと照らし合わせながら、この日秋田県の火葬場で焼く予定の棺を一基ずつトラックの荷台へつみ上げていく。

千葉は外へ運び出されるとき、棺に手を当てて一体ずつ声をかけていった。たとえば男の子の遺体にはこう言う。

「よーし、これから秋田まで旅行だよ。行ったことあるかい？　ちょっと遠いから、心細くなっちゃうかもしれないね。でも、向こうの火葬場でお父さんやお母さんが待っているから安心して行ってきてね」

また、年老いた女性には次のように語る。

「長い間この安置所でよく頑張ったね。毎日寒くてごめんね。でも、今から秋田の斎場に行けるからね。ちゃんときれいな骨壺に入れてもらって暖かいおうちに帰るんだよ」

どの遺体もドライアイスを当てられ、長らく体育館に置きっぱなしにされてきた。ようやく出棺できるのだ。

棺が運び去られると、あとには供え物の花やお菓子だけが残された。千葉は自宅の食糧が底を尽きかけていたため、手を合わせてからその捨てるしかないお菓子の袋を開けて、煎餅《せんべい》やチョコレートを食べて空腹をまぎらわせた。安置所の関係者のなかにはお供え物を口に入れることを気味悪がる者もいたが、どれも家族が品薄の店を訪ね歩いてやっとの思いで買ってきたものだ。遺体がなくなったからといってすぐに処分してしまうよりはいいはずだった。

だが、体育館の陰った隅には、震災直後からいつまでも置かれたままになっている棺もあった。身元不明や引き取り手のいない遺体だ。忘れ去られたかのように埃を被って冷たくなったまま同じ場所に留まっている。

千葉はその前を通る度に気の毒になった。土葬の実施が延期されることが決まっても、身元不明や引き取り手のない遺体は火葬を後回しにされていた。やむを得ないことなのだが、彼らだけが見捨てられてしまったように思えてならない。

千葉は市の職員のもとへ歩いて行き、お供え物のお菓子を分けて言った。

「土葬は延期になりましたが、身元不明や引き取り手のない遺体の火葬はいつ頃開始されるんですかね」

職員は困った顔をしながらお菓子を受け取って答えた。

「まだわかりませんが、土葬が中止になって身元がわかっている遺体を一通り焼くことができたら、身元不明者たちの火葬に移ることになるはずです」

「本当に火葬にしてもらえるのでしょうか」

「何とも言えません。ここ数日で身元がわかっている遺体の処理がどこまで進むかにかかっていますので、当面は事態を見守るしかないでしょう」

千葉は肩を落とし、身元不明の遺体のある方へ近づいていく。遺体と二週間以上も一緒に過ごしていると、蓋につけられた番号を見るだけで、その遺体がいつどこで発見された人かがわかるまでになっていた。千葉は何度声をかけたか知れない遺体に向かってため息まじりに言った。

「ごめんな、ずっと待たせちゃって。火葬の順番が来るまでもうちょっとだけ我慢してな。火葬場に行けるようになったら、向こうにはお坊さんが待っていてお経を読んでもらえるからね」

釜石の火葬場では、釜石仏教会から派遣された僧侶がボランティアで読経を行っていた。仙寿院の惠應が三月十九日に釜石仏教会を立ち上げた際、真っ先に午前と午後に僧侶を一人ずつ常駐させ、運び込まれてきた遺体にお経を読んで供養することを決めたのである。聞けば、秋田県の火葬場の一部でも地元の僧侶が訪れて供養をしてくれているという。

ただし、釜石仏教会が行う読経ボランティアは四月七日までと期日が決まっていた。寺もそれぞれ四十九日の法要の準備や寺の修理作業など仕事が山づみだったためだ。つまり、一日でも早く身元不明や引き取り手のない遺体を送り出さないことには、供養に間に合わない。

千葉の本音は、こうした遺体こそ僧侶に見届けてもらいたい、というものだった。五分でいいからお経をあげてもらえれば死者はどれほど慰められるだろうか。だが、年金暮らしをする一介の年寄りにはどうすることもできない。毎日棺に手を添えて語りかけるだけだ。

「はやく順番が回ってくるといいな。待ち遠しいな……本当に待ち遠しい」

その日は、朝から晴れ渡り、雲ひとつない空が広がっていた。千葉は午前中の仕事に区切りをつけ、体育館入り口前に置いた椅子に腰を下ろした。手にはお供え物の缶コーヒーが握られている。先ほど出棺したばかりの遺体に供えられていたものだ。正午の暖かな日が校庭を照らし、土の臭いを漂わせる。

少しして市の職員が手袋を外しながらやってきた。初めは遺体を怖がって腰が引けてばかりいたが、今は堂々として新しく来た職員を鼓舞するまでになっている。

千葉は缶コーヒーを見せて言った。

「これ、甘くてなかなかおいしいんですよ。疲れているときは体に染み込んで力が出る。飲んでみますか」

市の職員は苦笑して首を横にふり、隣の椅子に腰かけた。

「そんなことより、朗報ですよ。先ほど、市の者から聞いたのですが、土葬が中止になりました。身元不明者も、引き取り手のない遺体も、どちらも土葬は取りやめになり、火葬されることになったのです。災害対策本部で決定したとのことなので、今日か、明日には通達があるはずですよ」

周囲にいた市の職員や警察官たちが一斉にふり返った。みんな口には出さなかったが、胸の奥に土葬のことが引っかかっていたのだろう。

千葉は目を大きく見開いた。

「本当ですか？　全部火葬してもらえるんですか」

「ええ。秋田県につづいて青森県でも火葬の受け入れがはじまり、大幅に火葬が進んだためだそうです。今は多い日には一日三十五体から四十体の火葬が行われていますから、このまま釜石にある遺体は身元不明のものも含めてすべて火葬にできるという判断になったみたいですよ。身元不明者の火葬は、四月二日から開始の予定だそうです」

「そうですか。火葬が決まりましたか。良かった、本当に良かった」

千葉は、土葬を回避するためにどれだけ大勢の人たちが奔走したかを知っていた。仙寿院の惠應は自治体の職員を押し留め、サンファミリーの土田は遺族を必死になだめ、市長は他の自治体に頭を下げ、消防団員たちは早朝から深夜まで遺体の搬送をつづけた。大勢の力が合わさって、この結果がある。

ただし、胸には一抹の不安が残った。四月二日から火葬がはじまるということは、火葬場で行われる読経ボランティアが終了するまでには六日間しかない。それまでに身元不明や引き取り手のない遺体は焼き終わるのだろうか。それを尋ねると、市の職員は複雑な顔をして言った。

「現在、身元不明、引き取り手のない遺体は合わせて百体ほどあります。二日以降も身元がわかっている遺体や病死体の火葬が優先されるので、すべての身元不明の遺体が七日までに焼き終わるかどうかはわかりません。それに、身元不明や引き取り手のない遺体は県外搬送が主なので、そっちの方でどれだけ読経ボランティアが行われているかという問題もありますね」

「そうですか……」

無理を言っても仕方がないのはわかっていた。本当は土葬を免れただけで感謝しなければならない。それでも「せめて供養ぐらいは」と思ってしまうのは、震災の直後から毎日一緒に過ごし、語りかけてきたせいなのだろう。どこかで共振しているのかもしれない。

「身元不明の死者を火葬にした後、遺骨はどうなるんですか。家族がいなければ受け渡し先もないはずですが」

「当面は旧二中の校舎を『遺骨安置所』にして、遺骨を保管することになるようです。DNA型鑑定や歯科所見の照合によって身元が明らかになれば、家族に引き渡さなければならないので一カ所にまとめておく必要があるのでしょう」

結局、遺体は焼かれた後も、旧二中の暗い校舎の教室に移されて置きっぱなしになってしまうのか。

市の職員は千葉の心配を気にかけてつづけた。

「でも、安心してください。釜石仏教会の方で引き取り手のない遺骨をすべて預かると言ってくれています。代表者の惠應さんが仙寿院に専用の置き場所を設置してくれるらしく、そこでまとめて保管されるようです。自治体の方でも一定期間旧二中に置いた後は、全部仙寿院に持っていくことになりそうです」

「仙寿院さんから名乗り出てくれたんですか」

「ええ。きっと身寄りのない遺骨をかわいそうに思ってくれたのでしょう。一、二カ月後には全部移し終えるはずです」

「お寺に置くことができるのなら安心ですね……供養はしてもらえるのかな」

「釜石仏教会では、百カ日に合わせて身元不明者のための合同慰霊祭も予定しているようです。六月中旬なのでまだまだ先ですが、お葬式をしてもらえることは間違いないと思います」

千葉は胸の引っかかりが少しだけ解けたような気がした。万が一、火葬場での読経ボランティアに間に合わなくても、合同慰霊祭として葬儀を執り行ってもらえる。魂もまったく浮かばれないということはないだろう。

ふと千葉は恵應が初めて旧二中の安置所にやってきたときのことを思い出した。彼は祭壇の前に立ち、涙をこらえ、声をつまらせながらお経を読んでいた。目の前には、妊婦や赤子や檀家の遺体が棺にも入れられずに並べられており、我が子を見つけたばかりの女性がすわり込んで名前を呼んでいた。あのとき目に焼きついた光景があるからこそ、彼は釜石仏教会設立のために駆け回り、読経ボランティアや遺骨の管理、そして合同慰霊祭の実現の目処《めど》を立てるところまでこぎつけてくれたのだ。

千葉は立ち上がり、体育館をふり返った。陰った冷たい館内には、棺に入った数十体の遺体が並んでいる。何度もはなしかけてきたせいで、何十年も付き合ってきた友人のように思える。千葉は遺体に向かって囁いた。

「よく頑張ったね。もうすぐ成仏《じょうぶつ》して天国へ行けるからな」

体育館の屋根から雀《すずめ》がさえずる声が聞こえていた。数日前と比べると、桜のつぼみもさらに大きくなっている。きっと満開になる頃には、火葬が済んでいることだろう。

もう、春なのだ。

エピローグ　二カ月後に

震災から二カ月以上が過ぎた日の朝、私は白いプリウスのレンタカーに乗って遠野市と釜石市を結ぶ仙人峠道路を走っていた。新緑に覆われた山々に囲まれ、五月の柔らかな風が吹きつけてくる。たまに山の小さな虫が窓から入り込んでは飛び去っていく。

この頃、釜石の中心にあったホテルや民宿は津波の被害を被って営業を停止していた。そのため、私は北上市や遠野市に拠点を置いて、毎日一、二時間かけて釜石に通っていたのである。特に四月以降は連休中に東京にもどった以外はほぼすべて釜石へ関係者に会いに行っており、八時頃に仙人峠を走り抜け、森の澄んだ香りと春のさえずりを聞くのが朝のささやかな楽しみになっていた。

長いトンネルを抜けて坂道を下っていくと、眼下に釜石市の町並みが広がった。港町らしい強い陽射しが照りつける。自衛隊の車両にまぎれて、運行を再開したバスが制服を着た中高生を乗せて走っていく。数週間遅れたものの、市内の学校は始業式を済ませ、授業を再開していた。

この日、私が向かっていたのは、被災したマチの高台にある仙寿院だった。釜石仏教会の代表である恵應が住職を務める寺院である。仙寿院を訪れるのは四度目、約三週間ぶりだった。恵應に会いに行くことになったきっかけは、少し前に旧二中の閉鎖式に立ち会い、千葉の胸の内を聞いたことだった——。

旧二中が閉鎖されると聞いたのは、五月十八日のことだった。その日の朝、私は大槌町へ寄ってから国道四五号線を通って釜石へと向かっていた。リアス式海岸の透き通るような青い海に白波が立っている。

鵜住居町を抜けようとしたとき、助手席に置いていた携帯電話が鳴った。出てみると、千葉淳からだった。この頃、市内中心部の安置所の遺体はすべて紀州造林一カ所に集められて警察が管理をしており、千葉は安置所での任務を終えて再び民生委員として高齢者の世話を再開していた。千葉は電話越しに愛嬌《あいきょう》のある声で言った。

「あ、石井さんですか。実は、自治体から連絡があり、旧二中が正式に閉鎖されることになったみたいなんです。午後にお坊さんが来てお清めをするのだとか。一緒に立ち会いませんか」

旧二中は校舎のみが「遺骨安置所」としてつかわれており、身元不明や引き取り手のない遺骨が保管されていた。体育館の遺体はだいぶ減っていたため、四月九日にすべて旧小佐野中へ移されていたのである。

「旧二中を閉鎖するというのは、遺骨安置所としてつかっている校舎も完全に閉めるということですか」

「はい。今日のうちに校舎にある遺骨はすべて外へ運び出し、お清めを行った後に正式に閉鎖するということです」

震災から二カ月以上が経ち、瓦礫の下や海から見つかる遺体は一日一体にもならず、旧小佐野中にある遺体も紀州造林で一括して管理することになった。それに伴って、旧二中を閉鎖する運びだという。私は三月に初めて釜石を訪れてから、ずっと安置所の関係者から話を聞いていたため、この知らせには感慨深いものがあった。

「もし閉鎖に立ち会えるのならばお願いします」と私は言った。

「是非いらしてください。釜石のことをずっと見てきた人にこそ立ち会ってもらいたいんです」

私はお礼を言い、体育館で落ち合うことになった。

十四時を少し過ぎてから旧二中に到着すると、校庭には白い綿毛をつけたタンポポがたくさん生えていた。風とともに粉雪のように舞う。よく見ると雑草のなかに黄色や赤の花が咲きはじめている。

車を止めて校庭を通り抜け、校舎の裏の体育館の玄関に足を踏み入れた。急に暗くなり、ひんやりとした空気が首筋をなでる。祭壇の前に袈裟を着た若い僧侶が立って手を合わせ、お清めのための読経をはじめていた。市内にある日高寺の副住職だった。まだ三十代前半と若かったが、彼は釜石仏教会が結成されてから毎日ボランティアとして火葬場へつめ、お経を読んでいた。次々と運ばれてくる遺体に手を合わせて供養をし、時間があるときは安置所へも赴いた。そうした経緯もあり、閉鎖の際のお清めを頼まれたのだろう。

副住職の後ろには、市の制服を着た男性たち五名が横一列に並んでお経に聞き入っていた。旧二中に安置所が設置された当初から働きつづけてきた市の職員たちだ。そのわきで、千葉が痛む膝をなでながら椅子にすわっていたので、私は隣に立って手を合わせ見届けることにした。

天井の高い体育館には、副住職の読経が低く響き渡っていた。一年に一度開かれる日蓮宗大荒行堂で修行をしながら学ぶ特別なお経で、切り火と呼ばれる火打石を打ちながら、強弱をつけて唱える。

初めのうち副住職は型通りにお経を読んでいたが、切り火を取り出して打ちはじめた直後に、声をつまらせた。見ると、真っ赤になった目から涙があふれて頰をつたっている。袈裟の袖で目尻を拭《ぬぐ》って先をつづけようとするが、声が震えてしまう。

副住職は取り繕うように祭壇に置かれていた御酒《みき》を入れた陶器を手に取った。そして必死に声を絞り出しながら、体育館の四隅にそれをまいていく。木剣《ぼっけん》というカスタネットに似た道具を打ち鳴らしては、体育館を清めるのだが、欷泣《ききゅう》する声だけが大きくなって何度も立ち止まる。

副住職の後ろに並ぶ市の職員たちの耳にも、彼の涙でかすれた声は届いていたにちがいない。だが、みな目を閉じて手を合わせたまま顔を上げようとしなかった。きっと彼らの胸にもあの日々の出来事が深い感慨とともにこみ上げていたのだろう。

お清めはお経が二十分ほどつづき、御酒を体育館と校舎にまいて幕を閉じた。副住職は最後まで嗚咽を止めることができず、終わってもなおあふれる涙を袖でぬぐっていた。やがて彼は市の職員たちに深々と頭を下げ、もう一度だけ充血した目で体育館のなかを見渡してから静かに去っていった。

市の職員たちは副住職がいなくなると初めて大きくため息をついた。しばらく黙って天井を仰いだ後、お互いに肩をたたき合って労いの言葉をかけ、椅子にすわってい た千葉に一言ずつお礼をつたえてきた。「ありがとうございます」「ご苦労様でした」などありきたりな言葉ばかりだったが、そこには彼らと千葉にしかわからない重みがあった。

市の職員たちが体育館を出ていくと、私と千葉だけが出入り口に取り残された。床にこびりついたヘドロがまだうっすらと臭っている。千葉は帽子を取り、感慨に浸りながら体育館を見渡した。汚れた窓からわずかに陽が射している。おそらく今日限り、この廃校になった中学校に来ることはないはずだ。

千葉は一つ息をついてから、入り口の祭壇を片づけはじめた。菊の花をまとめ、蠟燭を箱にしまう。鎌田葬祭会館から借りてきたのだという。私はそれを手伝いながら訊いた。

「これで一段落したんですかね?」

彼は御酒の容器を持ってつぶやいた。

「そうかもね」

そうかも、という言い方が引っかかった。まだ終わったとは言い切れない何かがあるのだろうか。

千葉は埃で曇った窓を見上げた。大きな蜘蛛《くも》の巣が、蝿《はえ》の死骸をくっつけたまま隙間風に揺られている。

「心残りというんですかね……身元不明のまま火葬された遺体のことが気になっているんですよ」

「身元不明の遺体？」

「ええ。四月二日以降、身元不明や引き取り人のいない遺体は火葬にされてここの校舎に安置されていました。今日旧二中が閉鎖されるということで、午前中に仏さんは仙寿院に移されたのです。滞りなく終わったのですが、これから先仏さんたちが寂しい思いをするのではないかと思うと気がかりで……二カ月以上が経っていますから、身元がわかって、家族が引き取りにくる例は多くないはずですし」

身元不明の遺骨は、ＤＮＡ型鑑定や歯科所見によって身元の特定作業が進められていたが、まだ百数十体の身元がわからないままだった。

「遺骨の存在が忘れられてしまうことが心配なのですか」

「そうですね。みんな家族や友人のことは憶えているでしょうが、身元不明の仏さんは誰の頭にも残らないかもしれない。なんだか、それがかわいそうで……」

沈黙が広がった。

しばらくすると、千葉は落ち込む自分を「らしくない」と思ったのか、頭をトントンと叩いた。そして持っていた御酒の容器に鼻を近づけ、日本酒の馥郁《ふくいく》とした匂いをかいだ。千葉はいつもの笑顔にもどり、明るい声で言った。

「いい香りです。車の運転さえなければ、校庭で一杯やっちゃいたいですけどね」

「………」

「石井さん、今度飲みに行きましょう。近くにいいお店があるんです。魚がおいしい。震災以来まだシャッターを下していますが、今月中には再開するでしょう。そこで僕が描いた絵や切り絵も見せたいし。マチが津波で破壊される前の絵もたくさんあるんですよ」

笑ってそう言うと、まとめた仏具を抱え、外に止めてある車へ運びはじめる。いつものおどけたペンギン歩きだ。お尻が右に左にと揺れる。

私は彼の後ろ姿を見ながら、仙寿院に移された身元不明の遺骨を見に行こうと思った。遺骨となった名もなき死者たちは、安置所から引き離されて、今どうしているのだろうか。

晴れ渡った空の下を私は車で仙人峠道路を越えて、被災地であるマチと呼ばれる地区の一つ、大只越町に入った。山の中腹には惠應が住職をする仙寿院がある。この日は久々にそこを訪れるつもりだった。

大只越町の家屋は今も軒並みつぶれたままで、海からの風によって乾いたヘドロが巻き上げられて霧のようにたちこめていた。ドブの水をまき散らかしたような臭いが未だにどこまでも漂う。

高い石段を上がっていくと、仙寿院の本堂が現れた。その隣の建物で、惠應が妻や娘と暮らしている。ドアをノックすると、すぐに惠應が出てきて、和室の客間に通してくれた。饅頭《まんじゅう》のようなつるりとした丸顔で、時折いたずらっぽい子供のような笑みを浮かべる。震災直後に仙寿院に身を寄せた六百人近い避難民たちはこの屈託のない笑顔にどれだけ励まされただろうか。今ではほとんどの人が仮設住宅や保護施設に移っており、境内に残っているのはわずかだ。

私たちが客間の掘り炬燵《ごたつ》にすわって話をしていると、二十代の女性がやってきてお茶を出してくれた。かつて押し寄せた避難者たちを抱きしめて励ましつづけた長女だ。柔らかな目元は父親そっくりだ。今後は釜石に残り、僧侶と結婚して寺院の後を継ぐつもりなのだという。惠應は「まだ、後継者の旦那《だんな》は見つかってないけどな」と恥ずかしそうに笑った。

一通り話をすると、私は切り出した。

「実は、先日旧二中の閉鎖式に立ち会いました。日高寺の副住職さんが体育館と校舎のお清めをして閉めたのです。校舎にあった遺骨はすべて仙寿院さんに運ばれたのだと聞きましたが、今もここにあるのでしょうか」

惠應は吸っていたキャスターを灰皿にこすりつけて答えた。

「釜石仏教会として、うちが自治体に代わって預かることになったんだよ。家族のいる遺骨に関しては埋葬先が決まるまでだが、身元不明の遺骨は何年か保管されることになると思う」

「見せていただいてもいいでしょうか」

もちろんだよ、と惠應は立ち上がり、隣の本堂へとつづく廊下を案内してくれた。奥へ進むにつれ線香の匂いがつよくなっていく。

本堂の裏側に来ると、廊下の壁に沿って二メートルほどの高さの金属製の棚が数台設置されていた。そこには白い布を被せられた骨壺がずらっと並べられている。箱には「釜石№29二―＊＊＊」「釜石№45小―＊＊＊」などという番号がふってある。「二」というのは旧二中に安置されていたことを示し、「小」というのは旧小佐野中にあったことを示す。＊＊＊は遺体番号だ。釜石市中の安置所から集められてきたのだろう。

私は尋ねた。

「ＤＮＡ型鑑定が行われても、まだ百体以上の遺骨は身元がわかっていないそうですね。ずっとわからずじまいという遺骨も残念ながら出てくるかもしれませんが、どうするんでしょう」

窓の外に紋白蝶《もんしろちょう》が飛んでいた。惠應はそれを一瞥《いちべつ》してから答えた。

「そうだね。おそらくどこかの段階で自治体と話し合って、そういう遺骨をまとめて埋めることになると思う」

どういうことなのか。尋ねると彼は答える。

「永代供養だよ。共同墓地をつくって埋葬するんだ。それは釜石仏教会と自治体ではなし合って決めていくしかない」

千葉をはじめとした安置所で働いていた人たちが聞いたらどう感じるだろうか。警察も医師も歯科医も身元を明らかにしようと身を粉にしていた。髪を取り、血液を採取し、口腔を調べ、遺体に声をかけつづけた。だが、このままだと百以上もの遺骨が無縁仏として名前もわからないまま葬《ほうむ》られてしまうのだ。

私は目を落とした。そのとき、棚の前に置かれた祭壇に、お菓子や花などが供えられていることに気がついた。〝うまい棒〟や〝ワンカップ大関〟が山のように並ぶ。身元がわかっていない遺体に対して、誰がご焼香をしに来るというのか。

恵應は私の視線に気がついたようだった。

「それはね、近くに住む釜石の人たちがお祈りをしにきて供えてくれたものなんだよ」

「まったく見ず知らずの人たちが来たということですか?」

「そうだね。身元不明者の遺族、近所に暮らす被災者、ボランティアのスタッフ、いろんな人たちがここで、身元不明の遺骨に線香をあげてくれているんだ。毎日かならず何人かが手を合わせている」

これまで釜石で暮らす人々が故郷を愛し、隣人を肉親のように思い、過疎化した小さな町で支え合って暮らしてきたことを思い出した。

「身元不明の遺骨でも忘れ去られているわけじゃないんですね。こうやってたくさんの人に祈ってもらっている」

恵應はうなずいた。

「そう。釜石の住人の多くが、未だに行方不明の親族や知人を抱えていて、日々彼らのことを思い出している。だからこそ、ここにやってきて、名もない遺骨のためにお祈りをしてくれているんだ。きっとそれは故人にとっても幸せなことのはずだ」

私はそれを聞いたとき、かつて安置所の前で千葉が身元不明の遺体を火葬場に送り出した後につぶやいていた言葉を思い出した。

――遺体は誰からも忘れ去られてしまうのが一番つらい。だからこそ、僕を含めて生きている者は彼らを一人にさせちゃいけない。

かつて安置所で千葉はその一心で毎日のように遺体の傍に寄り添い、手を合わせ、言葉をかけていた。いや、彼ばかりではない。医師の小泉嘉明も、遺体搬送班の松岡公浩も、歯科医師の鈴木勝も、そして恵應も、全員が安置所に集まり、遺体のために自分にできることを必死でやってきたのである。そして今、遺骨が寺院に納められることになり、今度は市民たちが彼らと同じように遺骨に花を供え、手を合わせ、語りかけるようになった。無数の人の思いが一つになって、釜石は新たな道を歩みはじめているのだ。

私は棚に並べられた遺骨を一つ一つ見ていった。供えられた花や果物の甘酸《あまず》っぱい香りがしている。私は胸のなかでそっとつぶやいた。

みなさん、釜石に生まれてよかったですね。

取材を終えて

東日本大震災の取材を開始したのは、週が明けた三月十四日だった。

震災があった日、私は東京の自宅で原稿を書いていた。激しい揺れがおさまり、テレビをつけると、宮城県名取市に押し寄せる津波や、気仙沼《けせんぬま》の町をつつもうとしている劫火《ごうか》の映像がつづけ様に映し出された。

それを見て即座に、私は現地へ赴く決心をした。理由は二つある。一つは物を書いている身として、今後の日本の運命を大きく変えるであろう大惨事を目に焼きつけなければならないと思ったこと。二つ目は、震災直後から震災に関するコラムの執筆依頼があったのだが、現場を見ずに筆を取るのは読者ばかりでなく自分に対する裏切り行為に等しいと考えたことだ。

東京を出発した私は、まず新幹線で新潟まで行き、そこからレンタカーを借りて吹雪の舞う蔵王《ざおう》連峰を抜けて宮城県に入った。そして、この日から三カ月のうち約二カ月半を被災地で過ごし、週刊誌や月刊誌へ現地ルポを送ることになった。

最初は、福島、宮城、岩手の沿岸の町を回り、そこでくり広げられる惨劇を目撃することになった。幼いわが子の遺体を抱きしめて棒立ちになっている二十代の母親、海辺でちぎれた腕を見つけて「ここに手があります！」と叫んでいるお年寄り、流された車のなかに親の遺体を見つけて必死になってドアをこじ開けようとしている若い男性、傾いた松の木の枝にぶら下がった母親の亡骸を見つけた小学生ぐらいの少年……目に飛び込んでくるものは、怖気をふるいたくなるような死に関する光景ばかりだった。

東日本大震災によって死亡した人のほとんどは津波が原因で、行方不明者も合わせて約二万人。一瞬のうちにこれほどまでに膨大な数の遺体があちらこちらに散乱したのは、六十六年前の太平洋戦争後初めてのことであり、震災に限れば関東大震災から八十八年の間で最大規模の犠牲者数だ。現代の日本人がさらされた未曾有《みぞう》の災害だといえるだろう。

来る日も来る日も被災地に広がる惨状を目の当たりにするにつれ、私ははたして日本人はこれから先どうやってこれだけの人々が惨死して横たわったという事実を受け入れていくのだろうと考えるようになった。震災後間もなく、メディアは示し合わせたかのように一斉に「復興」の狼煙《のろし》を上げはじめた。だが、現地にいる身としては、被災地にいる人々がこの数え切れないほどの死を認め、血肉化する覚悟を決めない限りそれはありえないと思っていた。復興とは家屋や道路や防波堤を修復して済む話ではない。人間がそこで起きた悲劇を受け入れ、それを一生涯十字架のように背負って生きていく決意を固めてはじめて進むものなのだ。

そのことをつよく感じたとき、私は震災直後から二カ月半の間、あの日以来もっとも悲惨な光景がくり広げられた遺体安置所で展開する光景を記録しようと心に決めた。そこに集った人々を追うことで、彼らがどうやってこれほど死屍が無残に散乱する光景を受容し、大震災の傷跡から立ち直って生きていくのかを浮き彫りにしようとしたのだ。

釜石市を舞台にしたのは、町の半分が被災を免れて残っていたことが大きい。陸前高田など町ごと壊滅した場所では、遺体捜索や安置所の管理は市外から派遣された人々が行っていることが多く、彼らはその土地の地理や方言すらわからないことがある。だが、釜石では死者・行方不明者千人以上を出したにもかかわらず、町の機能の半分が津波の直接的な被害を受けずに残ったことにより、同じ市内に暮らす人々が隣人たちの遺体を発見し、運び、調べ、保管することになった。私はそこにこそ、震災によって故郷が死骸だらけとなったという事実を背負って生きていこうとする人間の姿があるのではないかと考えた。遺体という生身のものを扱うことでそれはもっとはっきりしてくる。

私が初めて釜石市に入ったのは、三月の中旬。だが、この頃は被災地も安置所も混乱しており、長時間に渡る関係者への聞き取りをすることが困難だった。そこで四月に入ってから、改めて旧二中をはじめとした遺体安置所の関係者に会い、一人一人から当時の体験談を聞いていくことにした。

本書では、それらの証言を私の視点で構成することで釜石の安置所をめぐる約三週間の出来事を主に描いたつもりだ。実際に話を聞いたのは、本文で名前を記した人物の他、安置所の仕事に携わった五十名以上にのぼる。現実というのは立ち位置によって見える光景が大きく異なるが、複数の目線を置くことで、人々がこの膨大な死にどう向き合っていったかということをつたえようと試みた。

ただし、憂慮すべき点がなくもない。震災の直後の混乱のせいで、関係者の記憶の一部が曖昧になっていたり、飛んでしまっていたりすることが少なくなかったことだ。また、誤った情報やデマが錯綜しており、それが事実だと思い込んでいる人々もいた。可能な限り、複数の人から証言を得て確かめてはいるが、もし事実を誤認している箇所があればそれはすべて著者である私の責任だ。

なお、文中に記した固有名詞に関しては基本的に実名であり、年齢や肩書は震災発生当時のものとした。ただし死亡者についてはご遺族から承認をいただいたもの以外は、プライバシーに配慮して仮名にしている。

最後に、本書を執筆するにあたって協力してくださった方々について述べたい。

震災から約三カ月、私は釜石以外の地域を含めて被災地で二百名以上の方々の協力を得た。自宅や肉親を津波で流されながら、つらい記憶の糸をたどって涙を流して語ってくださった方もいれば、親身になって安置所を案内してくださったり、知人を紹介してくださったりした方もいた。どの方も、この惨劇が人々の記憶から決して忘れ去られないようにとの一心で語ってくれたように思う。本書はそうした数多くの人々のご厚意によって成り立っている。

この場を借りて、ご協力いただいた方々に厚くお礼を申し上げるとともに、約二万人にのぼる犠牲者に哀悼の意を表します。

二〇一一年九月二十日

著者

文庫版あとがき

あの日から、三年が過ぎようとしている。

東日本大震災が起きて間もなく釜石の地に着いたとき、私は三年後の釜石を想像することができなかった。あまりに凄惨《せいさん》な現実に圧倒され、目の前にある光景以外のものを思い浮かべる力が木端微塵《こっぱみじん》に砕け散ってしまっていたのである。異臭と寒さと瓦礫《がれき》が私にとっての被災地すべてだった。

本書の執筆は、そんな私にとって祈りともいうべき作業だった。壊滅した町にあっても、生き残った人々は遺体を捜索し、搬送し、検案し、なんとか人間の尊厳を保ったまま家族のもとへ送り返そうとしていた。私にはそうした行為が真っ暗な闇《やみ》に灯《とも》る、一つの小さな光のように思えた。この光が少しずつ大きくなっていけば、釜石が再び歩み出す力となりえるのではないか、いや、どうかなってほしい。そんなふうに自分に言い聞かせながら、人々とともに過ごし、話を聞き、書き綴《つづ》っていったのが本書なのである。

最近、三年が経《た》とうとして釜石がどうなっているかとよく尋ねられる。だが、これはあまりに大きく重要な話であり、あとがきのような限られた場所で書けることではないし、書くべきことでもない。もし述べようとするなら、もっと長い年月のなかでしっかりと一冊の本としてまとめるべきことだ。従って、今この場で私が記せるのは、本書の登場人物たちが三年を経た今どうしているかということだろう。

遺体安置所の管理を市長に申し出た千葉淳。

彼は今なお釜石市内に民生委員として地域の高齢者のために活躍する傍ら、葬儀会社の釜石支部を設立して亡《な》き人のために働いている。きっかけは、震災の後にある葬儀会社の代表者が遺体安置所での千葉の活動に目を止めたことだった。千葉なら誠意をもって遺体を扱ってくれるはずだと考え、知人を介して依頼してきたそうだ。

千葉は、遺体安置所での悲惨な記憶がまだ鮮明に残っていたが、年をとっても釜石の力になれるのなら、と思って引き受けたという。業務内容は、病院で亡くなったり、自室で孤独死したご遺体を清め、専用の車で葬儀社へ搬送することである。この仕事をする一方で、遺体安置所で一緒に働いた鎌田葬祭会館から依頼を受けて、納棺の手伝いをすることもある。遺体の死後硬直をほぐし、仏衣《ぶつえ》を着せ、棺《ひつぎ》に納める仕事だ。

私自身何度かそれにも立ち会った。彼はスーツ姿で遺体の硬直した手足をさすりながら、安置所でしていた時と同じように語りかけていた。その穏やかで優しい口調は三年前のままだった。

遺体搬送班として尽力した松岡公浩。

震災前は生涯学習スポーツ課で国体関係の業務についていたが、二〇一一年の夏に遺体搬送の任務を終えた後、町の復興計画の任に当たることとなった。

釜石では、震災後犠牲者が多数に上ったのは市の責任だとする声が上がっていた。実際に、釜石市鵜住居《うのすまい》地区防災センターでは、市の職員が津波避難所ではなかったこの場所に住民を誘導したことで百名以上にのぼる死者が出ていた。マスコミもそれを重ねて批判的に報じた。

私にしても、松岡にしても、同じことが二度と起こらぬように十分な議論がなされるべきだという点では一致している。ただ、私がこの話をふった際、松岡が声をふり絞るようにして次のようにつぶやいたのが印象に残っている。

「あれは大変な出来事でした。ただね、大勢の市民と同時に市の職員だって亡くなったんです。あそこへ避難した人は、誰一人として死にたくて行ったんじゃない。それは誘導した市の職員も同じなんです。助かろう、助けようとしてあのときの精一杯の判断であそこへ行ったんです」

彼には、市の職員として運命の糸が少しでも違っていれば、自分があの場にいたかもしれないということが痛いほどわかっている。だからこそ、彼は凍えるような寒さのなかトラックに乗って遺体の搬送業務を、ただ一人最初から最後までやり遂げたのだろう。

検案を行った医師の小泉嘉明。

二〇一一年の四月からは、県外から支援にやってきた大学の医学部チームに検案を頼み、小泉は地域医療に専念することとなった。

チームは六月には任務を終えてそれぞれの大学等へ帰っていったが、夏以降も月に数体の遺体が発見された。被災した釜石警察署は旧二中のグラウンドに移され、体育館が再び検案の場所として使用されることとなった。小泉は医院で働く傍ら、遺体が見つかる度にそこへ赴いては検案を行った。

震災から半年以上経ち、家屋の取り壊し工事の際に瓦礫の下から見つかるのは、ほとんどが手足や頭部だけといった部分遺体だった。それでも小泉は傷《いた》んだ遺体を前にして、「見つかってよかったな」と思ったそうだ。どんな形であれ、家族のもとに帰れることが一番なのだ。現在に至るまで、小泉一人で約三百もの死体検案書を作成している。

二〇一三年、こうした功績が認められたこともあり、第二十回ノバルティス地域医療賞が小泉に授与された。

歯科医師として歯科所見を任された鈴木勝。

中妻町にある鈴木歯科医院では、今一人の女性が働いている。津波の犠牲になった親友佐々木信彦の妻である。勝は信彦に代わって、できるかぎり家族の力になりたいと考えたそうだ。二人の娘のことも気にかけ、よく食事に呼んだりしている。

私自身、信彦の娘二人とは何度か会食をした。次女桃子は市内の保育所で働く二十代半ばの女性だ。ある日、勝と彼女と三人で会食をしていた時、彼女がこんなことを言っていた。

「勝先生は、死んでしまったお父さんの代わりだと思っています。だから、私が結婚しようと思う男性が現われたら、お父さんの代わりに会ってもらうって決めています。勝先生が『この人で大丈夫』って言ってくれたら結婚するんです」

勝はそれを聞いて照れ臭そうに、「俺はノブ（信彦）より厳しいぞ」と笑った。嬉《うれ》しいと思うのと同時に、背筋を正される気持ちだったにちがいない。

二〇一三年の父の日、桃子は姉の春奈とともに勝に花を贈った。オレンジや、白や、ピンクの美しい花だった。


歯科助手として勝とともに歯科所見の作業をした大谷貴子。

震災の後、彼女は当時交際していた男性と再婚し、相手の実家である遠野市へと引っ越した。鈴木歯科医院は退職したものの、実家のある釜石へは時折帰ってきており、勝と食事をすることもあるそうだ。

二〇一三年一月、彼女は夫との間に一児を産んだ。二千七百八十二グラムの元気な男の子だった。


旧二中の体育館に、祖母によって運ばれた赤ん坊、雄飛君。

安置所に置かれていた際、遺体には職員の誰かによって〈生後100日〉と記されていたが、実際はわずか五十四日だった。本書の単行本を刊行した直後、父親から連絡をいただいた。刊行当初は雄飛君の名前を仮名にしていたが、父親と何度も話し合った結果、「雄飛が生まれてきたことが記録に残るなら」ということで、五刷から本名に訂正した。

父親は雄飛君の火葬以来、千葉に感謝の言葉をつたえたいと思っていたそうだが、名前も連絡先もわからなかった。そこで一年が経とうとする二〇一二年の一月、釜石のホテルで私が千葉を紹介した。父親は妻とともに千葉と再会した瞬間に大粒の涙を流し、彼の手を握りしめて言った。

「あのとき、雄飛のことを本当にありがとうございました。声をかけてくださって、本当にありがとうございました」

千葉もあふれる涙をぬぐって「お父さんも、お母さんも、よく頑張ったね」といたわっていた。

一週間ほどして、千葉は雄飛君の実家を訪ねた。雄飛君が迎えられなかった一歳の誕生日に、線香を上げに行ったのである。ご両親からは、千葉さんが来てくださった、という喜びの連絡が私のもとにあった。

釜石仏教会を設立した仙寿院の芝﨑惠應《えのう》。

仙寿院の本堂の裏には、今でも棚があり、そこに震災で犠牲になった人々の骨壺《こつつぼ》が安置されている。名前がわかっている遺骨は少ない。大半が腕だけなどの部分遺体であったり、未《いま》だに遺骨が発見されておらず、骨壺に遺族が遺品を入れているだけのものであったりする。惠應は毎日棚を訪れては手を合わせている。

震災から一年と少しが経った七月、北上に暮すお年寄りが手作りの小さなお地蔵さんのぬいぐるみを贈ってくれたそうだ。八十体ほどあり、手縫いでそれぞれ表情が違う。このぬいぐるみを骨壺の前に飾ったところ、訪れた遺族が「これは死んだ息子に似ている」とか「行方不明の母に似ている」と言いだした。故人を小さなぬいぐるみに投影したのだろう。惠應はぬいぐるみを箱に入れて自由に持って行ってもらえるようにした。遺族はそれぞれ故人に似ていると思うものを捜し出して家に持ち帰ったという。

惠應は次のように語る。

「いまでも、寺には市内外の方がお参りに来てくださいます。月日が経っても、震災のことを憶《おぼ》えていてそうしてくださる方がいるのは嬉しいことです。亡くなった方やご遺族は喜んでくれると思います」

あとがきを執筆している今は震災から三年が経とうとしているが、この先五年、十年、二十年などあっという間に過ぎていくにちがいない。それが時の流れというものだし、そうすることによって人間は一歩一歩前に進んでいくものだ。

ただ、読者の皆様には、二〇一一年の三月十一日に起きた出来事をどうか記憶の片隅にとどめていただけたらと願う。生きたいと思いながらも歯を食いしばって亡くなっていった人々がいたこと、遺体安置所で必死になって働いて町を支えようとした人々がいたこと、そして生き残った人々が今なお遺族の心や生活を支えていること。それらを記憶することが、これからの釜石、東北の被災地、そして日本を支えるものになるはずだと確信するからだ。

最後に改めて、震災で亡くなられたすべての方々のご冥福《めいふく》と、釜石の未来への歩みを心からお祈り申し上げます。

二〇一三年十月　　石井光太

この作品は二〇一一年十月新潮社より刊行された。

遺《い》　体《たい》

震災、津波の果てに

新潮文庫　い - 99 - 4

平成二十六年三月一日発行

著者　石《いし》井《い》光《こう》太《た》

発行者　佐藤隆信

発行所　株式会社　新潮社

郵便番号　一六二—八七一一
東京都新宿区矢来町七一
電話　編集部(〇三)三二六六—五四四〇
　　　読者係(〇三)三二六六—五一一一
http://www.shinchosha.co.jp

価格はカバーに表示してあります。

乱丁・落丁本は、ご面倒ですが小社読者係宛ご送付ください。送料小社負担にてお取替えいたします。

印刷・錦明印刷株式会社　製本・錦明印刷株式会社

ISBN978-4-10-132534-7 C0195